あなたは今、幸せですか？

ハッピーラッキー
魔法のメイク

15分で10歳若返り幸せが舞い込む！

舛岡はなゑ
ハッピースピリチュアル・メイクアップアドバイザー

目次

第3章

「幸せバリア」を厚くする——103

第4章

開運メイクでツキを呼んだ9名の体験談——123

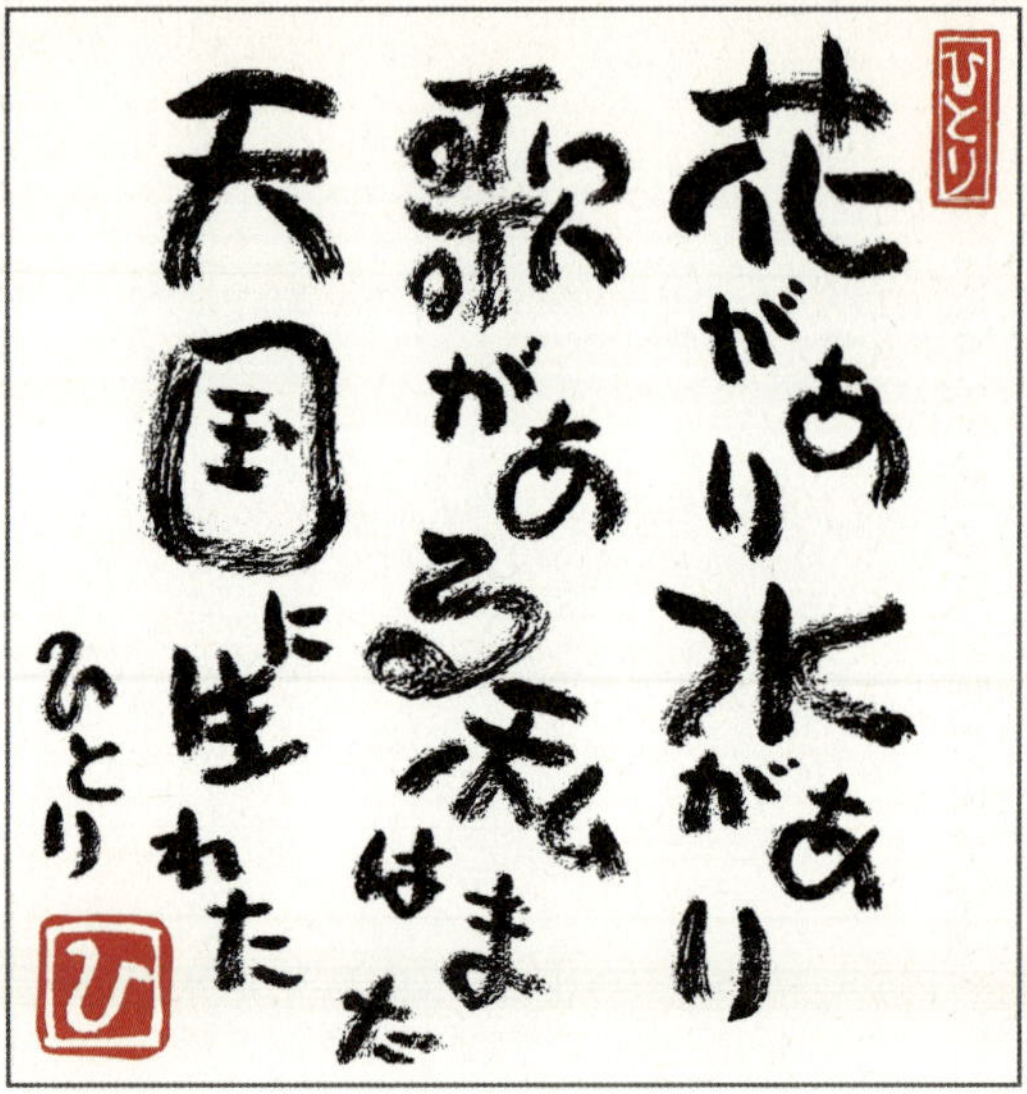

私の師匠である斎藤一人《さいとうひとり》さんの書です。
この本にぴったりの言葉だと思いませんか？
この書を見るだけでツイてることが
雪崩《なだれ》のごとく起こりますよ！

はじめに

幸運になるいちばん簡単な方法

私は、全国8県に拠点を置くサプリメントなどを扱う会社を経営しています。おかげさまで、私の会社は不況など関係なく、日々、成長を続けています。東京・江戸川区《えどがわ》の長者番付では、上位の常連になるほどになりました。

しかし、20年前の私が、今の私を見たら驚くことと思います。私が実業家として社会的な成功をしていることなど、想像もつかないはずです。

今から20年ほど前、私は「十夢想家《トムソーヤ》」という小さな喫茶店を経営していました。どんな街にもある、ひまで小さな特徴のない喫茶店です。

しかし、喫茶店を開いて2年目のある日に起こった小さな奇跡《きせき》をきっかけに、私はここまで辿《たど》り着きました。その奇跡とは、顔のツヤに関することなのです。

いつもと同じようにひまなある日の午後、私の喫茶店に、白いジャガーに乗った紳士がやって来ました。何を気に入ってくれたのか、それ以来、紳士は十夢想家に毎日、立ち寄ってくれるようになったのです。

紳士はいつも決まった席に座り、静かに本を読んでいます。その後、会話をかわすようになり、なぜ十夢想家を選んだのかと、その理由を聞いてみたことがあります。それは、静かに本を読むために、ひまな喫茶店を探していたということでした。まったくの偶然で、このお店にやって来てくださったのです。

この紳士は、とても不思議な人でした。どんな難しい質問をしても、何でもなるほどなあと思えるような、納得する答えを出してくれるのです。

ある日、私は紳士にこんな質問をしました。

「私、もっともっと幸せになりたい。なれるかなあ?」

すると、紳士はこう答えたのです。

「もちろん、なれるよ。人はだれでも幸せになれるんだよ。なぜかというと、人はだれでも幸せになるために生まれてきたのだから」

「じゃあ、どうすればもっと幸せになれるの?」

紳士は一瞬黙りました。私に教えていいものか、少しの間、考えているようでした。

「たしかに、私は知っているよ。それも、最短距離で行けるものすごく簡単な方法を。でもね、たいていの人は信じない」

「えー、なんですか? 私は信じるから、教えてください」

すると、紳士は優しくうなずき、こう言いました。

『つやこの法則』（詳細は82ページ参照）というのがあってね。これをすると絶対に不幸になれない。それは、要は顔のツヤなんだけどね」

あまりに、唐突な話です。だって、顔のツヤです。顔にツヤさえあれば、絶対に不幸にならないと、紳士は続けました。

「世の中には、性格はあまりよくなくても、お金持ちだったり、社会的に成功していたりする人がたくさんいる。そういう人の顔をまじまじと見てみるといい。必ず、顔にツヤがあるからね。

反対に、どんなに性格はよくても、顔にツヤがないと何をやってもうまくいかないし、成功できない。もちろん、幸福もやってこないからね」

「顔にツヤ？　そんなに簡単なことでいいの？」

私も、初めて聞いたときにはそう思いました。

「はなちゃん、幸せになるのに、苦労はいらないからね。がんばっちゃだめだよ。幸せというのは、苦労して、嫌な思いをして、大変な思いをして、その後にくるもんじゃない。

幸せというのは、心が幸せに向かったと同時にやってくる。そして、幸せのほうへ向かって歩きながら幸せになるものなんだよ」

「向かったと同時に幸せ？」

とにかく、私は試してみることにしました。紳士に聞いた通りの方法でメイクをして、顔にツヤを出したのです。

すると、ほどなくしてひまな喫茶店が、お客さんであふれるようになりました。十夢想家にやって来る方々の多くが、私にこう言いました。

「幸せそうな顔をしているね。そんな顔を見ていると、こっちまでうれしくなるよ」

噂を聞きつけて遠方からお客さんがやってきてくださったり、何の気なしに初めてのお客さんがふらりと入ってくる機会が多くなったりと、十夢想家は、ここにしかない特別な喫茶店になっていたのです。

その後、私は十夢想家を閉めて、紳士の勧めによって事業を興《おこ》しました。ツヤを出すメイクによって、自分がどこまで運を切り開くことができるのか、挑戦したくなったのです。

その後の私は、ほんとうにツイていたとしか言えないような幸運に恵まれました。事業はときが経つにつれて拡張し、今では幸せになる魔法のメイク「開運メイク」のエキスパートとして、「ハッピースピリチュアル・メイクアップアドバイザー」の肩書きで、セミナーや講習会まで行っています。

毎日が、「ハッピーラッキー」としか言えないほどの幸福感で満ちています。

私に顔のツヤの秘密を教えてくれた紳士こそは、斎藤《さいとう》一人《ひとり》さんです。今では、一人さんの名前はずいぶん有名になりました。

ダイエットサプリメント『スリムドカン』などのヒット商品でおなじみの会社「銀座まるか

ん」の創業者です。1993年から全国高額納税者番付の上位6位内にずっと入り続けているただ一人の人であり、累計納税額が日本一のすごい人なのです。

この本では、そんな成功をつかみ、幸せになる魔法のメイク「開運メイク」の秘密をお教えしたいと思っています。私の二十年来の研究の成果を、あますところなくご紹介します。

開運メイクは、たった15分もあればできるほど実に簡単です。10歳は確実に若く見え、美しくなります。しかも即効性があり、幸運を呼び込む効果はびっくりするほど絶大です。

開運メイクを試し、ツイてる人の仲間入りをしてください。

この本と出会えたあなたに、すべてのよきことが、雪崩《なだれ》のごとく起きます！


ハッピースピリチュアル・メイクアップアドバイザー　舛岡《ますおか》はなゑ

ヘア&メイク　舛岡はなゑ
徳田　龍（77〜78ページ）
カメラマン　松田敏美
落合泰三（77〜78ページ）
イラスト　毛利みき
ブックデザイン　藤田大督
スーパーバイズ　斎藤一人

第１章

ツキを呼ぶ「開運メイク」

幸せは顔で決まる

最初に、幸福でツイてる人になるための重要なルールをお教えします。このルールを知ったら、だれもが幸せになるはずです。

準備はいいですか?

幸福そうな顔をしている人は、幸せになります。
不幸そうな顔をしている人は、不幸せになります。

「なんだ、そんなの当たり前じゃない」などと思わないでください。こんな簡単なことにこそ、ツイてる人になるルールは隠されているのです。

幸せな人は、幸福そうな顔をしています。幸せだから幸福そうな顔をしているのではありません。幸福そうな顔をしているから、幸せになってしまうのです。

不幸せな人は、不幸そうな顔をしています。不幸だから不幸せな顔をしているのではありません。不幸そうな顔をしているから、不幸せになってしまうのです。

福相《ふくそう》で不幸せになることはありません。また、貧相《ひんそう》で幸せになることはできないのです。

別に難しいことを言っているのではありません。私たちも、無意識のうちにこの法則に則《のっと》って、普通に行動を決めています。

人はだれでも、他人に会うと（見ると）、その人の顔からさまざまなことを見てとります。優しそう、怖そう、明るそう、暗そう、モテそう、モテなさそう、金持ちっぽい、貧乏くさい、幸せそう、不幸そう、活《い》き活きしている、どよーんとしている……。

こうした判断を、心の中で一瞬のうちに行っています。そして、その人がよっぽどうまい演技でもしていない限りは、心の中で判断したイメージのままの人物です。

顔の色ツヤがいい友人に「最近、いいことあったでしょう？」と声をかけたり、雰囲気《ふんいき》が暗くなった友人に「何か心配事でもあるの？」と言ったりします。そうした推測は、まず外れないものです。

笑顔がすてきな人に、「何かトラブルでも抱えているの？」とは、だれも聞きません。笑顔がすてきであれば、その人が幸福であることはみんな知っているからです。

これとは逆に、暗くげんなりした顔の人は、必ず問題を持っています。その人が不幸であることは、まさに一目瞭然《いちもくりょうぜん》です。

そして、こんな人のもとには、必ず不幸が集まってきます。なぜだかわかりますか？　あなたの人生は、自分が望む望まないにかかわらず、世間が決めるからです。暗い顔をした人は世間にも、天にも選ばれないのです。

たとえば、こんな2軒のパン屋さんが並んでいたとしましょう。片方は、元気いっぱいで、明るく威勢《いせい》のいいパン屋さん。片方は、なんだか薄暗く、覇気《はき》のないパン屋さん。あなたはどちらのパン屋さんを選びますか？

たとえば、こんな2軒の花屋さんが並んでいたとしましょう。明るく親切な店員が、ブーケを作ってくれる花屋さん。意地悪そうな店員が、つっけんどんで冷たい応対をする花屋さん。あなたはどちらの花屋さんで花を買いますか？

答えは言うまでもありません。実際に、元気な人の焼いたパンは、食べると元気が出ます。花に罪はありませんが、冷たい人から嫌な思いをして買った花を部屋に飾りたいとは思いません。また、そんな店から買った花は、あまり長持ちしないこともあるのです。

人々はそうした長年の経験を踏まえて行動しています。無意識のうちに、人を見ると瞬間的に、その人に近づいてもいいか、遠ざかったほうがいいかを選別しているのです。

それでは、世間に選ばれる幸せな人は、どんな人相《にんそう》をしているのでしょうか。開運メイクの話題に入る前に、まずは運が開ける人相学のポイントをお話ししましょう。

福相はどんな顔？

運が開ける顔には、大きく分けて7つの特徴があります。ここでは、その7つの特徴について、一つひとつお話ししていきましょう。

①シワのない顔

顔にシワの多い人は、努力家ですが、避けても避けても苦労が次々と訪れます。

特に、眉《まゆ》の間の縦ジワはよくありません。口の周りのシワは経済難を招きます。

たとえシワが多くても、目立たなくすることによって自然と苦労が遠ざかり、幸せがやってきます。

②口角の上がった笑顔の口

口角《こうかく》が下がり、口が「へ」の字になると運勢が下がります。下がった口角は、周囲に不平不満や我慢、つまらなさなどをアピールします。口角はいつも笑顔のように上がっていることが大事です

また、前歯がないのは、お金がどんどんこぼれる貧相です。前歯は抜けたままにしないで、必ず治療しましょう。

③シミやくすみのない顔

シミやくすみがあると、周囲は「あの人の顔、くすんでいる」と感じます。その言葉通り、暗雲がかかったくすぶった人生を歩くくすんだ人となります。

くすみが取れ、透明感のある白い肌になれば、覆《おお》いかぶさっていた暗雲が流れていくように、運勢が開け、ひなたのような幸運が訪れます。

④ハリのある肌と髪

ハリがなく毛穴が開いた肌、ぺったりとハリのないボサボサの髪をしていると、人生にハリがなくなります。周囲からも、「ハリのないダラけたつまらなさそうな人」と映ります。

肌や髪にハリを取り戻すと、生きがいとなるようなことに次々と出会い、楽しくハリのある人生になります。

⑤上がった顔

顔のハリがなくなると、顔全体が下がって、運勢も下がっていきます。周囲からも、「下降線の人」と見えます。

下がった顔を上げると人生が上がり、上り運の福相になります。

⑥引き締まった顔

顔に締まりがないと、何事につけ災難に遭《あ》いやすくなります。人からだまされたり、事故に遭ったりケガをしたりということが多くなります。

顔を引き締め、小顔にすると、災いから逃れ、世間の人に慕われる福相になります。

⑦ツヤのある顔

ガサガサした顔には貧乏神が忍び寄ります。その反対に、ツヤは福相のしるしです。くすみがなく、ハリがあり、上がって引き締まった顔にツヤがあれば、最上の福相です。

額のツヤは、学業や知識運のアップを招きます。目の周りのツヤは、恋愛や結婚運のアップを招きます。ほおのツヤは、対人関係や人気のアップを招きます。鼻のツヤは、財運のアップを招きます。唇にツヤがあれば、食べ物に不自由しません。

これら7つの特徴を満たして、福相になるほど、若く美しくなります。運勢がよくなり、ツイてる人生になっていきます。

何より大事なのはツヤ

運の開ける顔には、この7つの条件が揃《そろ》っています。ここで、「私の顔にはシワが多いから無理」「7つなんて多すぎる」などと、思うことはありません。開運メイクですべてが解消できるのです。

7つの条件としていろいろ挙げているように思う方もいるかもしれませんが、要は顔に〝ツヤ〟があればいいのです。輝いていればいいのです。開運メイクの最大の秘訣《ひけつ》は、輝いていること、そうツヤにあるといっていいでしょう。

顔が輝いていると、絶対に不幸にはなりません。反対に、顔が輝いていないと何をやっても成功しないのです。ツヤこそ幸せの元であり、成功の元なのです。

売れている女優さんや人気のあるタレントさんの肌には、必ずツヤがあります。テレビを見るときに、確かめてみてください。

逆に、周囲の不幸な人の顔をよく見てください。輝きがなく、ツヤがないことに気づくはずです。運の悪い人ほどツヤがありません。ツヤがあっても、それをおさえてしまっています。せっかくきれいな顔立ちでツヤがあるのに、マット仕上げのメイクなどでツヤをなくしている人もいます。

たとえば、「貧乏《びんぼう》勢い《いきお》」という言葉があります。貧乏に勢いがついていると、顔になかなかツヤが出てこないという意味です。

オイルを1回塗っただけでツヤの出る人は、貧乏1代目です。5回塗らないとツヤが出ない人は、5代前からの貧乏なのです。

冗談みたいですが、本当にそうなのです。たくさんオイルを塗っても、貧乏勢いがあると、肌が吸収してしまうのです。

顔がツヤツヤと輝いていれば、お金に苦労することはありません。間違いなく人に愛されます。周囲の人にも、これから会う人にも、街で道を聞かれた人にさえも愛されます。

ただし、ツヤとテカリは違います。文章で説明するのはなかなか難しいのですが、ツヤはだれが見ても美しいものです。テカリなどの余分な脂分ではないのです。

また、自分で見た目と他人の見た目は違い、案外、他人の見た目のツヤのほうが正しかったりします。

ツヤを出すときには、そんなところに気をつける必要があるようです。

また、顔だけではなく、髪や靴のツヤも重要です。

人相学的にいうと、髪にツヤがあれば、天の加護が得られます。靴にツヤがあれば、先祖の加護が得られるのです。

ツヤは加護のしるしなのです。神様や人や地球に愛されているというしるしなのです。

どんな顔にもよく似合う

私は、もともとメイクが大好きです。学生のころから友だちにメイクをしてあげては、喜ばれていました。

私がこれほどメイクが好きになったのも、私の顔が変わっていることに一因があるようです。

他人にメイクをしてもらっても、私の顔はどうもうまくいかないのです。

化粧品メーカーの美容部員さんなどにメイクをしてもらっても、肌が厚塗りに見えたり、目が小さく見えたりと、どうしても変な顔になってしまうのです。ほかの人は〝メイクアップ〟になるのに、私の場合には〝メイクダウン〟になってしまうのでした。

そこで、さまざまな雑誌などを読んだり、プロのメイクさんに聞いたりして、自分に合うメイクを研究しました。

メイクの研究をしていると、何気なく街を歩いていても、人の眉毛や肌のツヤが目に入ってきます。

「あぁ、なんであそこに眉毛を描くかなぁ。あーもったいない。あんなにきれいなのに、あんな化粧をしちゃって……。あぁ、直してあげたい」

——などと、気になって気になってしかたがないのです。

四六時中鏡を見て自分のメイクを直したり、研究したりしていたので、友だちからは「化粧くん」というあだ名がついたほどです。

そして、徐々に確立していったのが「開運メイク」(当時はそうした名前などありませんでしたが)です。

開運メイクを友人にしてあげると、とても喜ばれるようになりました。不思議と、開運メイクはだれにでも、どんな顔の人にでも合うのです。

知り合いのメイクを見て、勝手に直させていただくのも私にとってはいつものことです。しかし、勝手に直させていただくといっても、最後には必ず喜んでもらえます。ナチュラルな美しさを引き出せたと、私も知り合いも気分爽快《そうかい》、大満足になります。

メイクが終わったあと、私はずーっとその人の顔をほれぼれと見ます。気分的には、愛を込めて作った自分の芸術作品のような感じです。今までとがらりと変わり、自分で言うのもなんですが、肌が輝き出し、ほんとうにオーラが出てくるほどきれいになるのです。

開運メイクをした人は、その人の周りに何十人いようとも、いちばん輝いて見えます。肌にオーラが出るのです。しかも、化粧崩れせず、時間が経つほどきれいになっていきます。

そして、本人の笑顔が輝くようにきれいになります。美しく輝いた喜びの笑顔が、私はほんとうに大好きなのです。開運メイクで、みんながどんどん輝いていくのです。

しかし、いちばん喜んでいるのは私なのです。開運メイクが終わったあと、幸福そうな笑顔になった人を見ると、私もつられて幸福な気持ちになります。

幸せのキャンドルサービスが少しでもできたと実感したとき、私は最高の幸せを感じることができるのです。

幸せが一生続く魔法のメイク

この開運メイクの効果は、私が思った以上に強かったようです。私がメイクをさせていただいたあと、実際に運が開けた、ツイてくるようになったという人が続出しているのです。

開運メイクをすると、ナチュラルなのに輝いて見え、若々しく品のいい女優のようになります。今で言うと、韓国人女優のチェ・ジウさんのようなイメージです。

評判が口コミで伝わり、私にもメイクをしてほしいという申し出が引きも切りません。今では、「ハッピースピリチュアル・メイクアップアドバイザー」と名乗るほどになりました。

若い人からお年寄りまで、多くの人にメイクをさせていただきわかったことは、「メイクは幸せへの最短距離」だということです。女性なら実感していただけると思いますが、鏡を見て、自分がきれいなら、それだけでハッピーになれます。小さな悩みなど、吹き飛んでしまいます。男性でも、眉毛を整えるだけで見違えてしまいます。

まじめだけれど、苦労が絶えず不幸せな人。誠実だけれど、何だか薄幸《はっこう》な人。幸せになる方法を書いた本をまじめに読んで真剣に実践するけれど、ちっとも幸運が訪れない人。そんな人たちが、メイク一つで驚くほど、その場で大きく変わるのです。メイクしたその瞬間に、人生が明るく幸せな方向に開けていくのです。「今までの私の人生って、いったい何だったの？」という感じです。

これほど強い効果があるとは、メイクさせていただいている私のほうが驚きです。みんなが私のことを、「美と幸せの伝道師」と呼んでくれます。私はただ、メイクを施した人が幸せになることを祈っているだけです。

ここで、開運メイクの特徴について、思いつくまま書き連ねてみましょう。

開運メイクの特徴

①15分でできる
②10歳若返って見える
③目が大きく見える
④肌にハリ出る
⑤肌に透明感が出る
⑥肌がきれいに見える

⑦ほおが上がって見える
⑧小顔に見える
⑨化粧をしていることをあまり感じさせない
⑩幸せ顔になる
⑪品のいい女優顔になる
⑫顔が輝きオーラが出る
⑬若い人は正統派アイドル顔になる
⑭ナチュラルで美しい
⑮お金持ちに見える
⑯厚塗りではないのにシミもくすみもカバーできる
⑰汗をかいても化粧崩れしない
⑱ラフな場から、パーティやブライダルの場でも対応可能

開運メイクのやり方は、とても簡単です。メイクが苦手な人でも、自分一人でできます。

開運メイクは、シンデレラの魔法のように一晩限りではありません。開運メイクは、一度覚えてしまえば、あなたに一生続く魔法なのです。

ポジティブな気持ちになる

最近は各地で、「10歳若返る開運メイク講演会&講習会」を開いています。噂が噂を呼び、おかげさまで会場はいつも満員です。喜びの歓声が上がるにぎやかな会となっています。

講習会では、メイクをする前とメイクをしたあとの「ビフォアー&アフター」が特に人気があります。講習会に参加された方からお一人を選び、実際に壇上でメイクをさせていただくのです。

開運メイクを施すと、多くの人がかなりの変貌《へんぼう》を遂げます。そのため、会場全体が「おーっ」というどよめきが広がります。メイクを施された当の本人は、この段階では鏡を見ていません。

一通りのメイクが終わると、鏡を手渡します。その瞬間、これまでの自分とは違った自分の顔を見て、たいていの方は驚きの声を上げます。

「これが私ですか？　あなたはだれっていうくらい、今までの私とぜんぜん違う！」

その変貌ぶりを見て、メイクの希望者が私のもとに次々と殺到します。最初は照れくさいからいいと遠慮していた方も、「やはり、この際だからやってもらおう」と前に出てきます。

なかには、メイクなど自分には絶対似合わないと思い込んでいる人もいます。きっと、以前にメイクダウンして、「おかしい」とか、「派手」とか言われた経験があるのだと思います。

そんな人でも一人目の開運メイクが終わり、その変身した姿を見ると、態度が変わってきます。開運メイクはとてもナチュラルなので、メイクに対する誤解が解け、自分もやってほしいと思うようになるのです。

開運メイクはとても自然です。お化粧をあまりしないように見えて、素顔そのものがきれいに見えるメイクです。そこが驚かれるゆえんです。

結局は、参加者のほとんど全員にメイクをさせていただくことになるのが常です。

そのため、夕方から始まった会が、夜中の3時に及ぶこともあります。私自身も大変ですが、こればかりはやめられません。みんなの喜ぶ笑顔が、私の働くエネルギーになっているからです。

開運メイクをした直後から、みなさんどこかにあったスイッチが入ったように、人が変わります。瞳に強い輝きが増し、活《い》き活きとしてきます。一人のメイクが終わるごとに、「わぁー、きれい。すごい！」と会場に歓声のどよめきが上がり、笑顔と喜びが増していき、熱気にあふれます。

たとえば、最初は物静かだったのに、メイクをした直後、ペラペラしゃべりだす人がいます。突然、前向きな話や自分の夢について話しだす人がいます。今までだれにも話したことがないという自分のとっておきの話を始める人もいます。

喜びがあふれだし、ずっと笑顔が絶えなくなります。そして、鏡の前から離れないのです。

これまでは家族や仕事のことで頭がいっぱいだったはずが、突如、自分のことに目が向きだすのです。不思議なことに、きれいになると、自分に目が向くようです。自分に対する関心が急に高まるのです。

「この顔で毎日過ごしたら、人生変わると思いませんか？」

と私がたずねると、

「思う思う！　うれしい。こんな気持ちに今までなったことない。すごくワクワクする」

と満面の笑顔で答えが返ってきます。

「自分がきれいになって気分がいいと、ちょっとぐらいだれかに嫌みを言われても気にならないでしょ？」

「言えてるー！」

と、また満面の笑顔で答えが返ってきます。

実は、この幸せあふれる輝いた顔こそが、人相でいう大吉《だいきち》なのです。そして、この幸せな気持ちが、ささいなことでは揺るがないことがほんとうに大切なのです。私は、これを「幸せバリア」と呼んでいます。

幸せな顔で幸せなことを考え、話す。この顔にも、思いにも、言葉にも、幸せをいつも全身で表している人に、幸運の女神は幸せをいっぱい運んできてくれるのです。

だから開運メイクを境に、突然、人生が変化していくのです。行動的になる人や積極的になる人。これからのことを考え、目標や希望を見つけてそれに向けて走りだす人。どれも幸せへの道です。みんな、自分の幸せを考えられるようになるのです。

「本当の幸せをつかみたいならば、まずはメイクを覚えよ」

とは、私が体験的に得た教訓です。

ぜひ、開運メイクにトライしてください。幸せの扉を開くカギは、すぐそこにあるのですから。

1パターンでオールマイティ

開運メイクはとても簡単です。メイクに不慣れな人だろうと、いくつかのメイク道具さえあればすぐに実行できます。

「だれにでもできる」「家で一人でできる」というポイントに、私はいちばん苦心しました。プロにメイクしてもらい、家に帰って洗ったらそれで終わりでは、意味がありません。毎日続けられることにこそ、メイクの意味があるのです。

「メイクの本を買ったけれど、うまくできなかった」という方でも安心です。器用・不器用は関係ありません。不器用な人だろうと、慣れてしまえば15分も時間があればじゅうぶんなのです。

そして、開運メイクの種類は1種類です。どんな世代の女性でもOKです。また、どんな職業であろうと関係ありません。ナチュラルで10歳若返ったようにきれいに見え、しかも上品で少しだけ女優のようなメイクです。

ジーンズなどラフなスタイルから、パーティやブライダルなどのフォーマルなスタイルまで、どんなシーンにもオールマイティです。スーパーに買い物に行くときにも、晴れのパーティにも、自信を持って出かけることができます。

59ページから始まるカラーページの部分では、アイカラーのバリエーションも紹介しています。このバリエーションは、季節や服の色に合わせて、色を楽しむための基本にプラスしたものです。

開運メイクの基本に慣れたころ、アイカラーのバリエーションを楽しむようにしましょう。しかし、そもそもメイクに慣れている方であれば、バリエーションも簡単に取り入れることができると思います。

開運メイクをする前に、現在のご自分の写真を撮っておかれるといいかもしれません。今までの自分と開運メイクを施した自分を比べることによって、よりメイクの効果を実感できるはずです。

オイルでツヤを出す

開運メイクの基本は、ツヤにあります。メイクをする前に、ふだんのスキンケアでツヤを出す方法をお話ししましょう。名づけて「ツヤ出しスキンケア」です。

私がみなさんのメイクや肌を拝見して思うのは、「脂分が足りない」ということです。せっかく脂分の足りた美しい肌をしているのに、ツヤのないマットなファンデーションを塗り、パウダーをはたきすぎてツヤを消したり、肌を乾燥させたりしている方もいます。

ツヤ作りの第一は、オイルをきちっと塗ることです。オイルは上質で自然のものを使ってください。オリーブオイル、スクワランなどがその代表です。

オイルを使用するのは、一日に3回以上。乾燥している場合には、回数を多めに塗るといいでしょう。

塗り方は、クリームと同じです。夜の洗顔後、または寝る前、朝は化粧下地として、そして鏡を見てツヤがないと感じたとき、などです。

ただし、メイク後につけるときは、オイルを手のひらに取って伸ばしてから、中指と薬指の腹で顔に押しつけるように塗ります。間違ってもこすってはいけません。化粧が崩れてしまいます。

夜、使用する際にはふだん使っているクリームのあとに、オイルをたっぷり塗りましょう。朝にはすっかり肌に吸収されているはずです。

ニキビ肌などのオイリー肌の方も試す価値があります。純正オイルならば、化膿《かのう》したニキビが改善する可能性があるからです。

なお、オイルが自分の肌に合わない人も、ごくたまにいらっしゃいます。自分の肌に合うかどうかを試すために、まずは二の腕の内側などに一度つけてみてください。それで肌が赤くならないようならば、まず問題なく使用できると思います。

こうした日々のお手入れが、顔のツヤを出すために重要です。日々のお手入れのうえに、開運メイクはあるのです。

眉を変えれば人生が変わる

ツヤ出しスキンケアに並び、開運メイクでは眉を重要視します。

眉は、人の印象を決める重要なポイントです。ツヤと眉さえ決まれば、もう怖いものなしだといえるでしょう。

メイクに敏感な女性は、眉一つで顔の印象が違ってくることを知っています。眉が格好いいと、顔全体がとてもすてきに見えます。また、人相学的にも、眉の形はとても重要です。

眉は脂分があると書きづらいので、眉のメイクをする前にティッシュで軽く押さえて、軽く粉をはたきます。

まず、眉をキュッと引き上げたときにできる筋肉のくぼみが、眉山のトップだということを覚えておきましょう。多くの方は、眉山を低く描きがちです。なかには5ミリも低い位置に描く方もお見受けします。

眉を描くのは難しいのですが、一度、うまく描けるようになったら、顔全体の印象は見違えてよくなります。最初は64ページの写真を参考に、何度も描き直してみてください。親しい人や、周囲のメイク上手の方に確かめてもらいながら試すと、客観的な意見が得られていいでしょう。

細すぎる眉は、老《ふ》けて見えることもあります。若々しい勢いがほしい場合、下側を描き足しながら少しずつ太くしていきます。

眉頭や輪郭があまりくっきりとしている眉は不自然です。全部描き終えたら、眉ブラシやチップなどでサッとぼかします。眉尻は、できるだけきれいに描きましょう。

眉を描くのは、こげ茶の硬質なペンシルがいいと思います。柔らかなペンシルはペタッとしてしまうので避けます。アイラインペンシルは柔らかいので、兼用は難しいでしょう。

この特徴的な開運眉は、周囲からは『はなゑ眉』と呼ばれています。言うなれば正統派アイドル系の眉、女優系の眉だと、私は思っています。

キリリと理知的で美しく、自分をしっかり持ち、迷うことなく人生を真っ直ぐ歩む眉です。これほど美しい眉なのに、だれでも簡単に描くことができます。

この眉のポイントは、表情といっしょに動くこと。「それって当たり前でしょう?」と思われるでしょうが、実はほとんどの方の眉はそうなっていません。感情や表情といっしょに動く筋肉と、メイクで描いた眉がずれているのです。

先ほどもお話ししましたが、正しい位置よりも下に眉を描いている方が多いのです。開運眉は、筋肉の動きといっしょに動きます。すると、表情がとてもきれいに、自然に見えるのです。表情が訴える力も強くなり、印象的になります。

講習会で、ひときわ歓声が上がるのは、やはり眉を描いたときです。眉を変えるだけで、イメージが大きく変わるからです。

それをわかっていただくために、片方の眉だけに手を入れた状態で見ていただくこともあります。それはもう、劇的といっていいくらい左右の顔が変化します（66ページの写真参照）。

その変化をわかっていただくため、開運メイクの講習会の参加者の方々には、まずメイクを施した横顔を見比べてもらうようにしています。左右の横顔を見比べていただくと、眉を整えた側の横顔は、まるで女優のように見えます。次に、正面から見ていただくと、眉を整えた側だけが、目がずいぶん大きく見えるのです。

どんな方でも、一目でその違いを理解します。眉は、顔の印象をそれだけ変化させるポイントでもあるのです。

極端に言えば、眉の形を変えただけで、その人の内に埋もれていた輝きが外側にあふれだします。眉の形を変えるだけで、運が急激に開けるのです。

女性は社会の花

開運メイクできれいになったら、次は服装です。

「もっと幸せになりたかったら、もっと華やかにしなさい。

女性は、社会の花として生まれたんだから、もっとおしゃれをして、光り物をつけて、キラキラと輝く女性になりなさい。

そうすると、いいことがいっぱい起こるよ」

と、斎藤一人《さいとうひとり》さんから私は教わりました。

そうです。幸せで成功している女性は、みんな華やかでキラキラしています。

ここで質問があります。もしあなたが女優で、こんな役がまわってきたら、どんなふうに演じようとするでしょうか。その役とは、社会的にめちゃくちゃ成功していて、男性からも、女性からもモテモテで、とても幸せな女性の役です。

地味でノーメイク、暗い顔をしてボサボサの髪などありえないでしょう。そうです。ありえないことは起こらないのです。

だれでも、土よりも花が好きです。お花を見ているだけで、とても幸せな気持ちになりますね。目指すは、そんな花のような女性です。その人がいるだけで、周りがパッと明るくなるようなキャラクターです。

花を目指すのならば、洋服はなるべく明るい色を選びます。白、ピンク、黄色、水色、グリーンなどがいいでしょう。

特別高価な洋服である必要はありません。華やかな印象の服を選んでください。

黒や茶、ベージュなど、渋めの色の服は、おしゃれによほど自信のある人だけ着てください。デザインに気をつけたり、大きめのアクセサリーをつけたりしない限りは、地味に見えてしまいます。

輝くアクセサリーは吉

服装と並び、アクセサリーもとても重要です。

なるべく明るい色の服装をし、あなたに合ったキラキラ光るアクセサリーを必ず身につけましょう。ネックレス、指輪、ピアス（イヤリング）、ブレスレットなど、光るアクセサリーを身につけることは、人生に幸運をもたらします。

アクセサリーは本物を身につける必要はありません。1000〜3000円の手頃な値段ですてきな物がたくさんあります。あなたに合った物を、堂々と身につけるようにしましょう。

実際、私の周りの成功している女性たちは、みな、とても華やかできれいです。アクセサリーも、みんなが驚くくらい、キラキラ光る大きな物をしています。

しかし、かくいう私も、最初は小さな米粒くらいのアクセサリーしか身につけていませんでした。

すると、一人《ひとり》さんにこう言われたのです。

「はなちゃん、そんな小さいのじゃだめだよ。地味すぎる。おしゃれっていうのは自分のためだけにするんじゃないんだよ。周りの人を楽しませるためにするんだ。だから遠くの人が見てもわかるくらい、大きめのアクセサリーを選ばないと」

「じゃあ、これは？」

「だめ。地味すぎる」

「じゃあ、これは？」

「まだまだ」

「じゃあ、これは？」

「もっともっと」

「じゃあ、これは？」

——と言っているうちに、とてもすてきなキラキラしているアクセサリーを身につけるようになりました。私の身につけているアクセサリーについては、76ページの下の写真を参照してください。


私の周囲の仲間たちも、私以上に輝く服装とアクセサリーを身につけています。待ち合わせをしても輝いているので、遠くにいてもすぐにわかって便利なほどです。

私たちの会社では、全国に散らばっている社員が集まって、毎年、年始の大きなパーティを開きます。それぞれみんな、これでもかというばかりに思い思いの服装をして楽しむようにしています。

この日は、一人ひとりがみんな主役です。みんなキラキラ輝いています。このパーティに参加した人は、人生観が変わって病みつきになるほどです。77〜78ページに掲載された写真は、このパーティの際に身につけた私のドレスコレクションです。

もちろん、ふだんの生活でここまで輝くドレスを着る必要はありません。しかし、いつも輝くあなたでいてください。

王子様をゲットするには？

私が講演でこのようなアクセサリーのお話をしても、光り物をつけられない人もいます。「恥ずかしい」「私なんて似合わない」「家の人に派手って言われそう」などが、その理由のようです。

そのような理由を言ってアクセサリーを拒《こば》む人は、申し訳ないのですが、地味で不幸そうな顔をしています。幸せで成功していてモテモテな女性は、まずそんなせりふを言いません。どうやら、アクセサリーを拒否する人たちには、貧乏神が忍び寄っているようです。

昔から、光り物は魔よけとして取り扱われていました。自分の運勢を上げるために、王様など位の高い人ほど、アクセサリーを身につけていました。

貧乏神は、暗くじめじめしたところを好みます。キラキラ光る物や人は大嫌いなのです。貧乏神とサヨナラして、幸運を呼ぶためにも光り物を身につけましょう。

本来、人はキラキラ輝く物を好みます。小さな子どもを見ていても、キラキラした物を発見すると、そちらに歩いていき、見たり、触ったりするものです。嫌だったら、近づきません。

光り物に縁のない人は、たいがいは家族や周囲の人が地味なのです。

華やかな人たちといっしょにいると、華やかさが自然と当たり前になっていきます。もし、お子さんをお持ちのようでしたら、明るい服を着せて華やかに育ててあげるといいでしょう。

よく玉の輿《こし》にのりたいとか、娘をお金持ちと結婚させたいと言う人がいます。本人にしろ、その両親にしろ、そう思うのならば、なおさらおしゃれをして着飾ってください。

どんなに性格がよくても、いい子でも、地味で目立たなくては見初められることはまずありません。シンデレラでさえ、魔法の力でドレスに着替えておしゃれをして舞踏会に行ったから、王子様に見初めてもらえたのです。

華やかに光り輝いていないと、いることにさえ気づいてもらえません。まず目に留めてもらって、中身の性格がよければ、そこで王子様をゲットできるのです。

でも、不思議です。光り物を敬遠していた彼女たちでさえ、開運メイクをすると心から華やかに美人に変身してしまいます。心から気持ちがハイになって、体から幸せがあふれだします。「私なんて」とか、「でも」とか、ネガティブな気持ちやモヤモヤがどこかに吹き飛んでしまうのです。それと同時に、幸運の女神がやってきて、喜んで光り輝くアクセサリーを身につけたくなります。

キラキラと輝く物は、人の目を引きつけます。つけている人や周りの雰囲気《ふんいき》を華やかなものにしてくれます。世の中をキラキラと明るくしてくれるのです。

人は、華やかな美しさにあこがれるものです。そんな雰囲気は、アクセサリーを身につけている人を幸せに、そしてその周囲の人たちさえも幸せにしてくれます。

開運メイクを覚えて、鏡に映ったきれいな自分は光り輝いて見えるものです。もっと光り輝くためにも、ぜひキラキラしたアクセサリーを身につけましょう。華やかなメイクには、輝くアクセサリーがよく似合います。メイクで美しくなった顔がより引き立つことでしょう。

私たちは、メイクコンテストやメイク講習会のときには、ドレスアップして、アクセサリーをつけて、ワイワイと記念撮影をして楽しんでいます。もっと自分の美しさに気づいてもらうためです。

美しさに気づき始めると、女性は目覚めたようにおしゃれに気を遣《つか》うようになります。

私の仕事は、みんながきれいになり、幸せになり、楽しさと喜びがあふれるようになる仕事です。みんながきれいになった姿を見ると、私はなんてすてきな仕事をさせてもらっているのだろうと、うれしくなってきます。

髪のツヤにも気をつける

開運メイクをすると、服装やアクセサリーなど、自然とおしゃれをすることに目が向くようになってきます。

顔にツヤが出てくると、髪にもツヤがほしくなってきます。また、ヘアスタイルも気になってくるでしょう。どんなに着飾っていても、髪にツヤがなくボサボサだと、貧相で疲れた印象に見えます。

髪の毛は、日ごろからトリートメントなどを習慣化して、自然のツヤを出すようにしましょう。もしツヤが出ないときには、ツヤ出し用のヘア用シリコンやスプレーなどをしてツヤを補ってください。

白髪が多い場合には、きれいに染めてもいいと思います。そうすれば若く見えます。しかし、白髪がきれいに見えるようならば、そのままでもかまいません。

最近では体への害のない自然派のカラーリング剤もあるので、そうしたものをお試しになってみるのもいいでしょう。

ヘアスタイルも、今は自分で簡単にできるウィッグなどもあるので挑戦してみるといいですね。

当然のことながら、かかとやひじ、爪《つめ》はきれいに保ちましょう。腕や脚を出す服装をするなら、お手入れを忘れずにしてください。

靴もツヤが出るようにきれいに磨いておきましょう。スエードなどの場合には、汚れやほこりがないように、清潔に手入れをしておきます。

おしゃれな人は、髪の先から靴、爪の先までこだわるものです。自分なりに楽しんでできる範囲で、おしゃれにこだわりましょう。

華やかで自分を大切にして手間をかけている人ほど、周りの人から大事に扱われます。幸運の女神もキラキラ輝いている人が大好きです。

これが幸せの法則なのです。

雪だるま式に幸せが大きくなる

開運メイクをすると、鏡を見る機会がふえるようになってきます。鏡を見て、自分がきれいだと思えたら、だれでも機嫌がよくなります。その弾んだ心がまた、鏡を見る機会をふやす動機となるのです。

朝、起き抜けの顔は人に見せられないものだったとしても、メイクをして洋服を選び、鏡に映る自分がとびきりの美人になっていれば、「よし、今日もいいことあるぞー!」と、ポジティブな気分になれます。

そんなご機嫌な自分であれば、人に会うのも楽しくなります。そして、そんなポジティブな気分は、他人にも必ず伝染します。他人からは、「今日は特にきれいね」と、ほめられたりもすることでしょう。そうなれば、ますます気分もよくなります。

いいことが雪だるま式に大きくなり、幸せ度がどんどんアップしていきます。毎日が、とても楽しく過ごせるのです。

つまり、自分がきれいになるだけで、ほんとうに幸せがやってくるのです。自分のご機嫌を取るだけで、幸せになることができるのです。

きれいな自分にワクワクして気持ちが弾めば、幸運を引き寄せることができるのです。顔も心もにこやかになり、人間関係もよくなります。

私は、生まれつきの明るい性格です。鏡を見て、自分をきれいに飾るのが大好きです。ところが、この仕事を始めてみて、「鏡を見るのは嫌」と思っている方がたくさんいることを知りました。

しかし、そんな鏡を見ることを嫌悪している方のほうが、変化は早くやってきます。ふだんから自分が着飾ることを避け、メイクもしてこなかったような方のほうが、メイクを少し試すだけでとても美しくなるからです。

これは、私の実感です。実際に、10代から80代までの鏡を見るのが嫌いな女性に開運メイクをさせていただくと、みなさんの人生が大きく変わることを私は知りました。

メイクを終えた瞬間、鏡を見ることが嫌いだと言っていた人が、驚きとともに鏡をのぞき込みます。

「これが私？……」

私は、この瞬間が大好きです。人が自分の美しさに気づく瞬間です。

みんなの視線を快く感じるヒロインの気分を、人生で初めて感じます。満面の笑顔が輝き、美人オーラを放っています。

なかには、うれし涙をポロポロとこぼして泣き出す方もいます。たいていの方は、その後、バッグから取り出した鏡をくり返しのぞき込んでいます。

いつもよりきれいになると、だれでも人に見せたくなるものです。ドレスアップした日はなおさらですよね。

以前、メイクの講習会でみなさんにメイクをしてあげていて、真夜中になってしまったときのことです。

講習会の参加者たちは、メイクアップをしたものの、真夜中なのでだれにも見せることができません。外出したものの、外に人が歩いていないのです。

そのため、わざわざ遠くのコンビニに行ったり、車で高速道路を走って帰る途中、目についたサービスエリアには全部寄ったなどという話を、聞いたことがあります。わざわざ行ったコンビニで、生まれて初めて男性から声をかけられたというような、笑ってしまうような話もありました。

開運メイクをした瞬間から、鏡とお友達になれます。「きれいな自分」と初めて出会うのです。

幸福は鏡を見る時間に比例する

一度、きれいな自分と出会う喜びを覚えたら、メイクが楽しくなります。近所のスーパーであろうと、本屋であろうと、メイクをして出かけることが楽しくなってきます。鏡を見る回数もぐんとふえ、外出先でガラスに映る自分の姿さえもチェックするようになります。

「すごくきれいになったね！」と、周囲からは今までかけられたことのない賞賛の声をかけられるようになります。いい変化が次々とあなたの前にやってくるのです。

「もっときれいになろう。もっと自分を磨こう」

と思うようになります。そして、

「もっと自分を大切にしよう」

と考えるようになります。さらに、

「自分が大好き」

と思えるようになってくるのです。

「鏡を見るのが嫌い」な人は、自分の容姿に興味がない、どうせ私なんか何をしても変わらないと思っています。しかし、その思いは表面的なことであって、内面の核となることには自分への嫌悪があるのです。

自分が嫌いだから、自分を磨く気になどなれません。自分を大切にする気になれないのです。そして実際に、自分を大切に扱っていません。

ここで重要なことを言うと、自分の思っている通りに世間はあなたを扱います。あなたが自分をどう扱っているのかと、周囲がどう扱ってくれるのかは、実はイコールなのです。

そのため、おしゃれもせず、自分を大切にしていないと、周囲からも大したことのない人のように扱われます。メイクをしてきれいになり、自分を大事にするようになると、周囲からも大切に扱ってもらえるようになるのです。

自分に自信を持ち、きちんとした身なりをしている人。自分にあまり自信がなくおどおどしていて、だらしのない格好をしている人。あなたならば、どちらの人物を大切に扱うことでしょうか。まず間違いなく前者です。これが現実なのです。

実際、開運メイクをしたら、ご主人が急に笑顔になって写真を撮ってくれたり、お姑《しゅうとめ》さんが突然優しくなっていたわりの声をかけてくださったりといったような話はたくさんあります。

運を開く初めの1歩は、鏡を見ることからと言ってもいいでしょう。鏡を見る時間がふえるほどに、女性は幸せになれます。

鏡は三種の神器の一つに数えられるほど、尊いものです。鏡を見る＝鑑《かんが》みるとは、己《おのれ》を見ることを意味します。

それは、なぜだか知っていますか？

神社にはご神体として鏡が置いてあります。神様を見ようとしてのぞき込むと、鏡には自分の姿が映ります。

鏡というのは、自分の姿を見て自分の中にある外見や内面の汚れ、つまり我《が》を取るために使うものです。鏡を見て、外見や内面の我が取れた人が、神に近づけるということを表しています。

試しに、「かがみ」という字から、「が」を取ってみてください。「かみ（神）」という字になります。

そうです。あなたの中に、命《いのち》という名の神がいるのです。だれであろうと神様はきれいにして大切に扱うものです。あなたの体は神様のお社《やしろ》なのです。

開運メイクをしてきれいになり、自分を神様として大切に扱うことから幸せはスタートします。

自分を大切にする人は、他人のことも大切にするのです。

自信が魅力を生む

「女は、30歳を過ぎたら、顔立ちよりもメイク！」

と、私は常々言っています。

「地味な美人より派手なブス」

と、一人《ひとり》さんも冗談で言っています（実は、無表情でブスッとしている人のことをブスというのだそうですが、ここでは個性的な顔立ちという意味で使っています）。

実際、きれいな人でもパッとしない人がけっこういます。よく見ると、そんなにきれいじゃないのに、魅力的で光り輝いている人もかなりいます。人気のあるタレントも、顔が美人というよりも、性格がチャーミングな人です。

そんな人はとてもきれいに見えます。美人オーラを放っているのです。

では、なぜそんなに輝いているのでしょうか。学生のころ、いちばん美人だった女の子よりも、はつらつとして笑顔のチャーミングな女の子のほうが男女ともに人気があって、モテていたでしょう。

芸能人でも、売れてくると、自信がついて自然にきれいで魅力的になるものです。普通の人でも、恋愛をすると自分に自信が持てるようになり、きれいで魅力的になるものです。

そうです。魅力的な人は、自分が大好きで、自分に自信のある人なのです。

この自分に自信があるかないかが、人生を決定づけてしまうのです。自信のある人は、外見も内面ももっと磨こうとします。向上心があるのです。

どんなに完璧な美形でも、性格がチャーミングでなければモテません。自信のある性格美人が人を引きつけるのです。

チャーミングな人は、自分が好きで、自分磨きに余念がありません。自分を大切にして、毎日を活《い》き活きと一生懸命に生きています。華やかで明るく楽しい雰囲気があります。世間はこういう人を「魅力的な人」と呼ぶのです。きれいな人がモテるのではなく、自分が大好きで、自分に自信のある魅力的な人がモテるのです。

そもそも自信のある人というのは、ただただ自信があるのであって、取り立てて理由はありません。つまり、自信のある人は、根拠のない自信を持っているということなのです。それが、バイタリティとなります。

私は、もともと自分が大好きですし、自信も満々です。でも、考えてみたら、何一つ人より優れているものはありません。朝は苦手だし、車の運転もだめだし……。

でも、できないことがたくさんあっても、別に自信をなくす理由にはまったくなりません。私の場合には、できないことがあっても、現状で困っていませんし、気にしてもいません。人間は欠点があったほうが親しみやすくていい、というくらいに私は思っています。

しかし、自信のない人というのは、端から見て意味不明のようなことで自信を失っています。

たとえば、頭がいいのに、もっと頭のいい人と自分を比べて自信を失う。もともと美人なのに、もっと美人と自分を比べて自信を失う。ましてや、自分が不得意なことならば、自信など持ちようがないでしょう。

こんなふうに生きていたら、いいものを持っていても、その力を発揮できず、人生がぼろぼろになってしまいます。こんなネガティブな人に、他人が魅力を感じるはずはありません。

つまり、自信というのは、その人が本来持っている能力とか、容姿とかに関係なく、自分が自分のことをどう思っているかという勝手な自己評価のことなのです。

たとえば、特別な美人でもないし、才能があるわけでもないのに、恋愛も友だち関係も、仕事も何をやってもうまくいき、幸せな人というのがいるものです。そういう人は、自分のことが大好きで、いちいち他人と比べません。他人のことを認めながらも自分に揺るぎのない自信を持って生きているのです。

それこそが、幸せになることに積極的な人生なのです。

メイクは自信に磨きをかける

ところで、あなたは自分のことが好きでしょうか。自分に自信を持っているでしょうか。

一人でも多くの人に自信を持って生きてもらいたいと、私は思っています。だって、根拠すらいらないのですから。

しかし、女性の場合、どんな理屈よりも、一瞬で自分に自信を持つ方法があるのです。それが、開運メイクです。

私は講演で、たくさんの女性たちを前に、自分に自信を持つようにとずっと話してきました。しかし、いくら理屈でわかってもらえても、心からの自信がふつふつとわいてくる人はほとんどいませんでした。気持ちはなかなか変えられないのです。

ところが、開運メイクをしてあげると、一瞬にしてみんな輝くような自信にあふれた顔に変化するのです。

「自分のことを好き?」

と、開運メイクをしてあげたあとに聞いてみると、

「はい。なんだかこれからは好きになれそうです」

と、笑顔で返事が返ってきます。

「大好きです。うれしい!」

と、さらに自信に磨きがかかる人もいます。

女性はいつもの自分より少しでもきれいになると、それだけで自信がつきます。きれいになったぶん、自分が好きになるのです。

千人以上に開運メイクをしてきて確信を持ちました。女性の幸せの近道は、開運メイクしかありません。これなんです。

「自分が好きです。今までの自分を許します」

と、開運メイクをしたあとに言ってもらうと、これまでの自分から解放されて、涙をぽろぽろ流す人までいるほどです。

あまりの見事な変身に、開運メイクを初めて体験したあとはみな、鏡の前に釘《くぎ》づけになってしまいます。先ほどもお話ししましたが、女性は鏡を見る時間が長いほど、幸せだといいます。

私も鏡を見るのは大好きです。もしかしたら、世界でいちばん鏡を見る時間が長いのではと思うくらいです。

なかには、

「鏡をこんなに見たことはないです。今までは、鏡を見ることが嫌いでした」

と、目を輝かして言う人もいます。

「へー、自分ってこんなきれいな顔をしていたんだ」

と驚く人もいます。

みんなのあまりにも幸せそうな顔、別人のような魅力的な自信に満ちた輝く顔は、美人オーラを放っています。ほんとうに輝いていてすてきなのです。

彼女たちは、開運メイクをしたその瞬間から、心に自信のキャンドルが灯《とも》ります。そして、その灯火は、決して消えないのです。

なぜなら、自分の魅力に気がついてしまったからです。

サプリメントで幸運を補う

鏡をよく見るようになると、だれでも自分の肌が気になってきます。

「どうしたら、そんなに肌がきれいになるのですか?」と、私はよく質問を受けます。肌というのは、精神や身体の具合が端的に現れる部分です。

女性に悩みは禁物です。悩みのある人は、眠るときも悩んだままなのだそうです。当然、眉《み》間《けん》のシワは眠っている間も深く刻まれていきます。

それだけではありません。ストレスによってホルモンのバランスが崩れ、大切な肌の栄養であるビタミン類やコラーゲンなどが、どんどん消耗《しょうもう》されていきます。

ですから、不幸な人は老《ふ》けるのが早いのです。18ページの福相の部分で書いた通りなのです。ですから、幸せな人ほどきれいでいられるのです。

悩めば、精神的な苦しみを味わったうえ、外見も老けていきます。悩みで肌がぼろぼろになるなんてバカバカしいですから、さっさと気分を明るく切り換えたほうが特です。

でも、どんなに幸せな気分でお肌がきれいになったとしても限界があります。何もしなければ、年齢とともに肌はどうしても衰えてしまうのです。どんなに前向きに幸せに生きていても、年齢には勝てないということです。

でも、勝つ方法があるのです。

年齢とともに体に不足してくるものを、内側と外側から補えばいいのです。
日々の食事に気を遣っていれば、サプリメントなどいらないという説もあります。しかし、日々の食事でバランスよくすべての栄養を摂取することは不可能ですし、体質によってたくさんとると調子がいいものもあります。

日々の食事で欠けがちなもの、そしてたくさんほしいものを手頃な値段のサプリメントで補うべきだと私は思っています。ちなみに、私が気をつけてとっているサプリメントとは、青汁や酢、ミネラルをミックスした「青汁酢」や〝若返りのビタミン〟と人気のコエンザイムＱ10、肌にいいといわれるコラーゲンのドリンク剤、そしてさまざまな栄養がバランスよく配合されたマルチサプリメントなどです。

こうしたサプリメントは、すべて銀座まるかんのものです。ご興味のある方は、銀座まるかん（☎０１２０―４９７―２８５）までお問い合わせください（舛岡はなゑ事務所：宮城県仙台市青葉区中央４―２―27　５１０ビル１階　銀座まるかん　電話・０２２―２１６―００５１　http://www.kirakira-tsuyakohanae.info/）。

また、化粧品も、今では肌に浸透する高性能なものが出ています。そうした高性能な化粧品を使って、きちんとしたお手入れをすることも重要です。

こうしたサプリメントや化粧品によって、私の肌質は20代のときよりもきれいになったと思います。一人さんと出会う前は栄養素や化粧品のことなどまったく考えずに過ごしていたせいか、肌のくすみやくまがありましたが、今ではありません。体力も人一倍あると思います。

お肌はつるつるになり、他人にすっぴんを見せてもだいじょうぶと思えるほどです。開運メイクとこのサプリ、化粧品のおかげで、心も体も元気いっぱいです。

今では、サプリメントなどの研究がどんどん進んできたので、100~200歳まで若く生きることも夢ではないと思います。いずれにしろ、年齢が進むにつれて、なんのサプリメントもとっていない人ととっている人とでは、歴然とした差がつくと思います。

開運メイクを始めてから、「今の自分がいちばん好き」と言える私は、とっても幸せです。

●コラム1――体のバランスを戻す方法

「我は神なり。愛と光なり」という言葉を、斎藤一人《さいとうひとり》さんはよく遣います。この言葉の意味は、人間というのは神様の愛と光でできているということです。

世界中の学者が全部集まっても、命を生み出すことなど決してできません。タンポポの葉っぱ一枚すらできないのです。命だけは、神様が授けてくれないとできないのです。

人間の心臓のずっとずっと奥に、針の先ほどの小さな光が入っています。その光を神様から分けてもらっているのです。

人間は神様の愛と光なのです。しかし、そのことを忘れてしまっている人と、覚えている人がいます。そのことを覚えているかどうかで、人生はがらりと違ってしまうというのです。

試しに、背骨や骨盤《こつばん》のバランスが崩れていたり、肩こりがひどかったりする人は、10～20回、こう言ってみてください。心の中で唱えるだけでもかまいません。

「我は神なり。愛と光なり」

こう言うだけで、体のバランスが戻ります。ひどい肩こりが楽になるはずです。

また、道で覇気《はき》がなくしょんぼりしていた人を見かけたら、心の中でこう唱えて波動《はどう》を送ってあげてください。

「彼（彼女）も神なり。愛と光なり」

たったこれだけのことで、丸まっていた背中がシャキッと伸び、元気を取り戻せるはずです。友人を元気づけたいときには、友人を思い浮かべながらそう唱えてもいいでしょう。これは、だれがやってもできることです。

ただ波動を送るときに、力をあまり入れてはいけません。波動は、神様が送るのであり、神様の愛と光である自分が送るのです。本人が気づく気づかないにかかわらず、受け取る相手の魂《たましい》が喜び、元気が出ます。ですから、力むことなくふぁーっと軽く相手に送ってあげてください。

実践！ 15分で10歳若返る

開運メイク

始める前のメンテナンス

ツヤ出しスキンケア

お風呂上がりや朝の洗顔後、私は化粧水と美容液（美容クリーム）をつけます。そのうえに、保湿クリームをつけています。保湿クリームではなく、上質なオリーブオイルやスクワランなどのオイルでもいいでしょう。朝の外出前には、そのうえに紫外線を防ぐＵＶをつけます。

これで、メイク前のスキンケアは完成です。このスキンケアだけで、今までにないほど顔にツヤが出てくることでしょう。

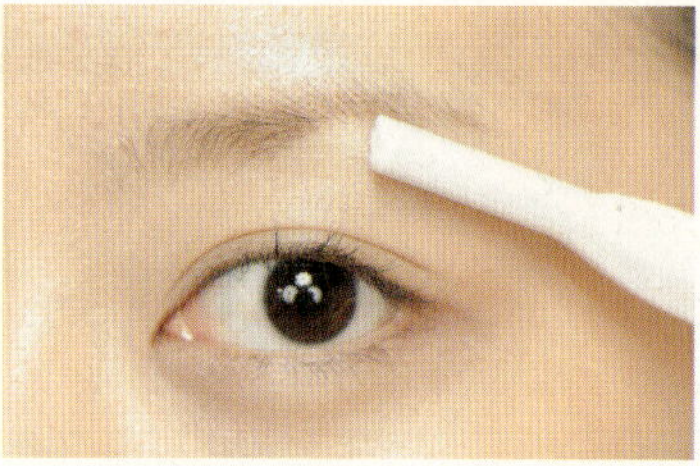

眉毛のメンテナンス

眉毛の流れに沿ってブラシでとかす。

その後、眉尻、眉山、眉頭の順に、眉用ハサミや電動シェーバー、眉用ニッパーなどを使用して、眉毛の形を整えていく。

理想的な眉毛の形がわからない場合には、まず62ページの開運まゆを作ってみましょう。開運まゆを作ったあと、不必要なむだ毛などを処理します。

開運メイク

私がふだんから行っている開運メイクを、ここにご紹介します。

１から８までの順番に沿ってメイクをしていけば、いつの間にか女優のような顔に仕上がっているはずです。

メイクにはたくさんのテクニックがありますが、これだけ覚えればじゅうぶんに美しくなれます。

慣れれば15分とかからない簡単なメイクです。２～３度くり返してやれば、自然と手順を覚えてしまうことでしょう。

01
ベースメイク

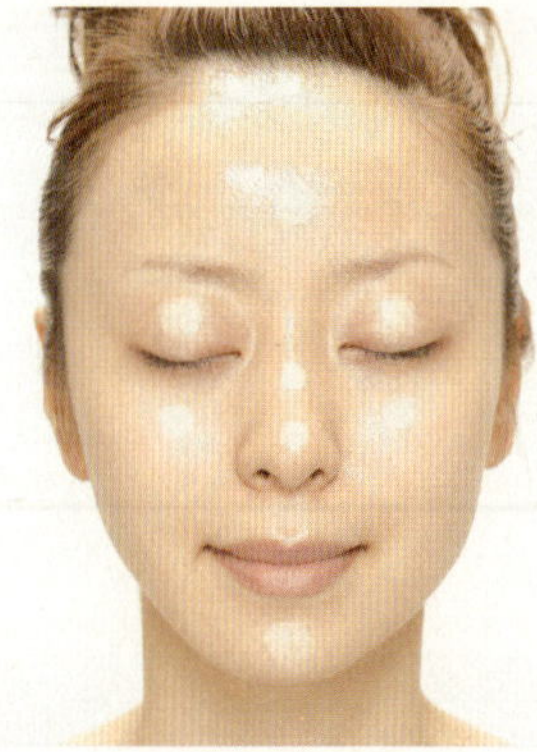

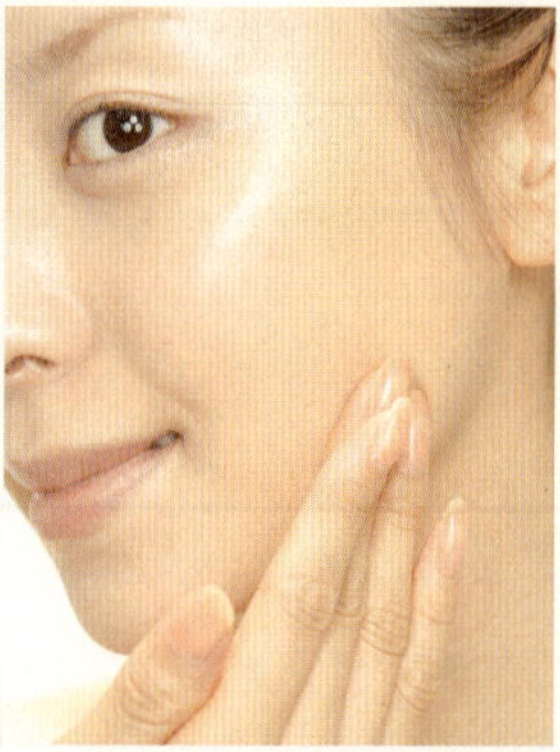

1

肌色より一段明るめのリキッド（液状）ファンデーションを顔全体に薄く塗る。その後、額、まぶた、目の下、鼻、あごと、写真のように8カ所に白に近いベージュのファンデーション（コンシーラーでも可）を少量置き、手で薄く伸ばしていく。

2

顔の中心から外側へ、ごく薄く伸ばしていくのがポイント。

3

さらに、肌よりも濃い色のファンデーション（コンシーラーでも可）を顔の外側（輪郭）部分につける。こうすることによって、顔に奥行きが生まれ、小顔に見えるようになる。

この2つのファンデーションの境目は、必ずぼかす。

なお、シミやくすみなどがある場合には、ファンデーションをつけたあとにコンシーラーを塗る。コンシーラーのつけ方については、次ページを参照。

濃い色のファンデーションを塗る範囲

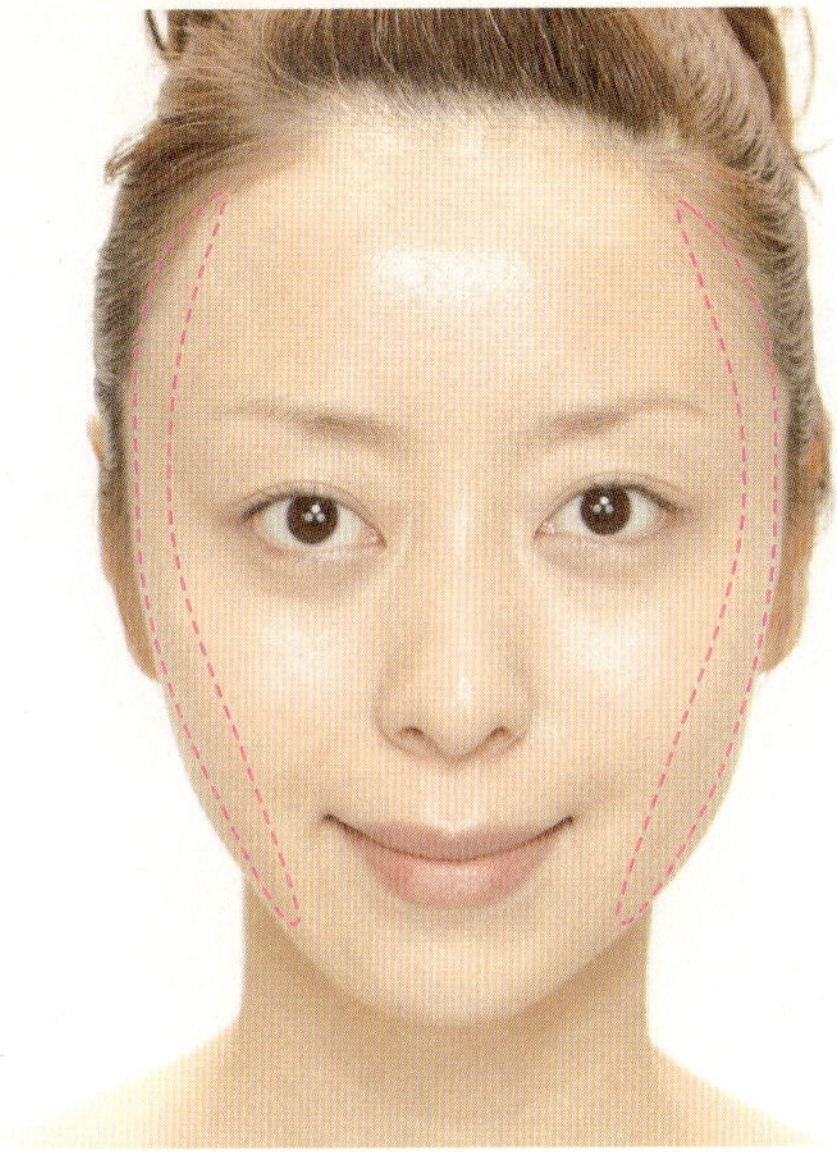

「これが、ふだんから使っている私のパレットです。アイシャドーとハイライト、チークに際使います」

シミやほくろの消し方

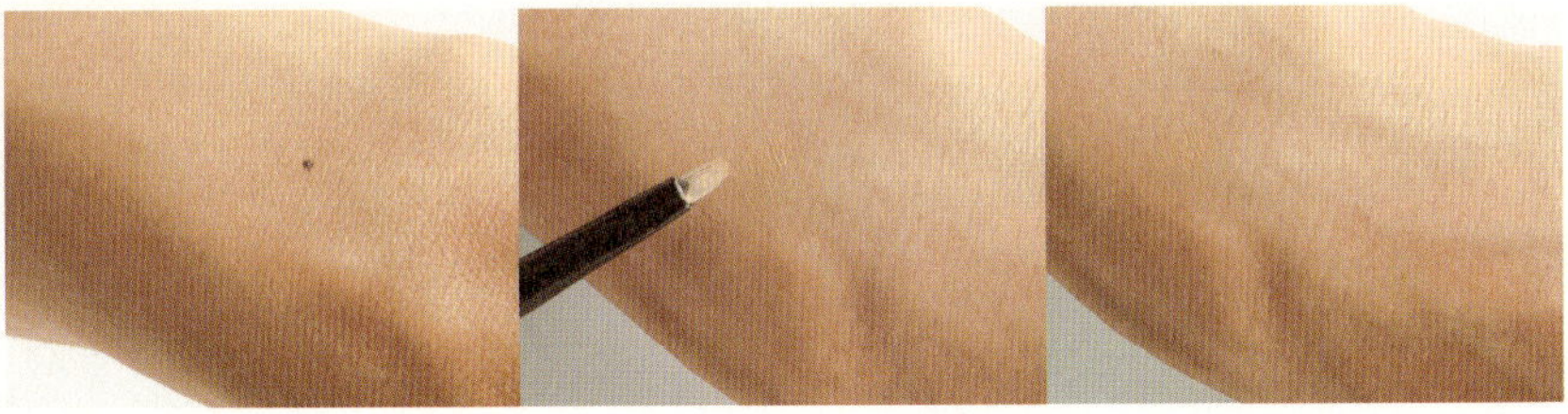

1

シミを見つける（写真は腕のほくろ）。

2

濃いめのコンシーラーをシミより少し大きめにつける。

3

コンシーラーの周囲を筆や綿棒などでぼかしたあと、フェイスパウダーで軽く押さえる。

02

眉メイク

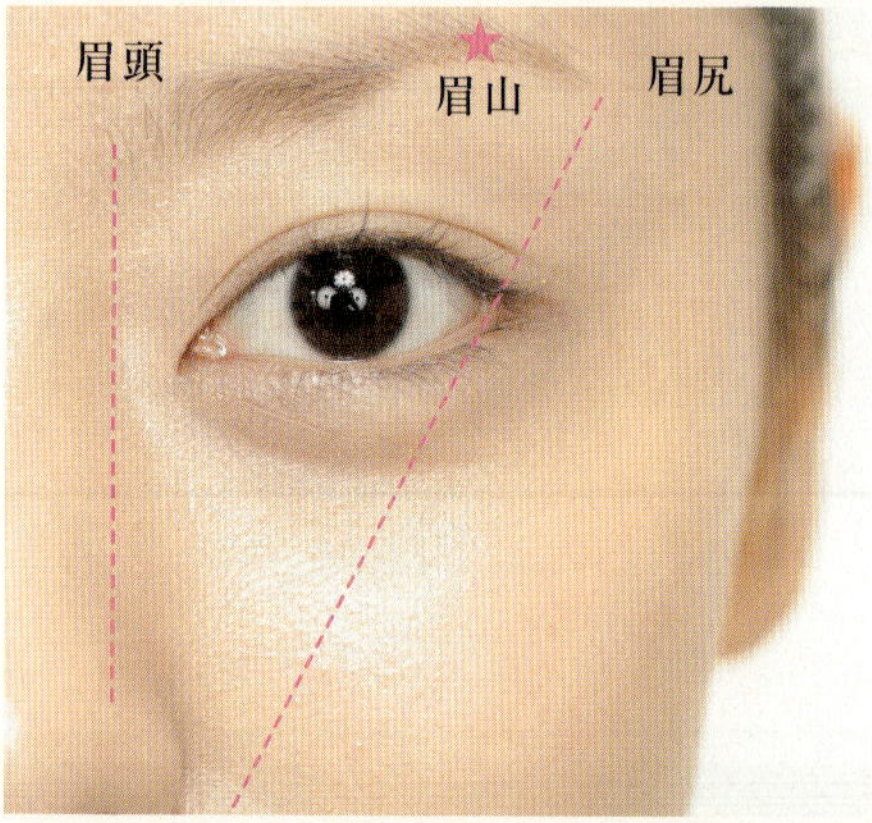

眉頭·眉山·眉尻の位置の見つけ方

眉頭　鼻筋と目頭の真ん中が目安。

眉山　黒目の外側の端から目尻までの間ならばＯＫ。額にシワが寄るように眉を引き上げると、筋肉のへこみができる。この位置から少し外側（白目の脇から垂直に上がった辺り）が眉山のトップ。

眉尻　小鼻の脇と目尻（白目の際）をつないだ延長線上で、眉とぶつかる辺り。

眉山の探し方

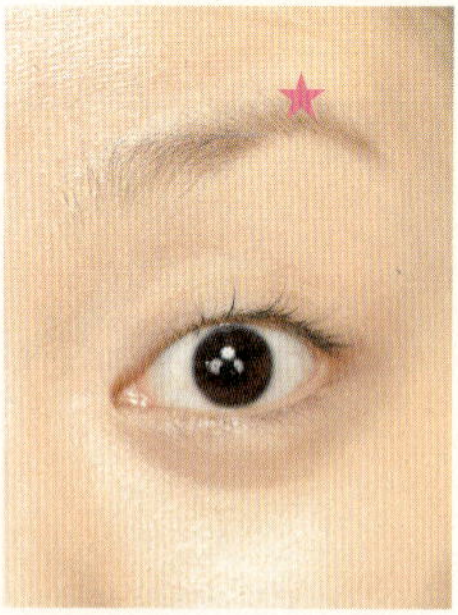

眉を引き上げると筋肉のへこみができる。

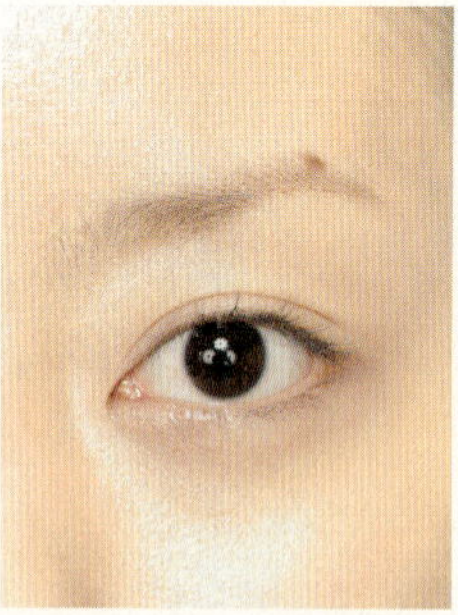

ペンシルで印をつける。

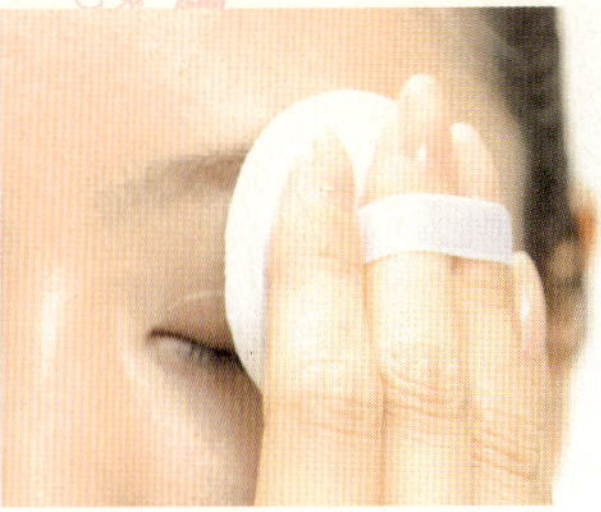

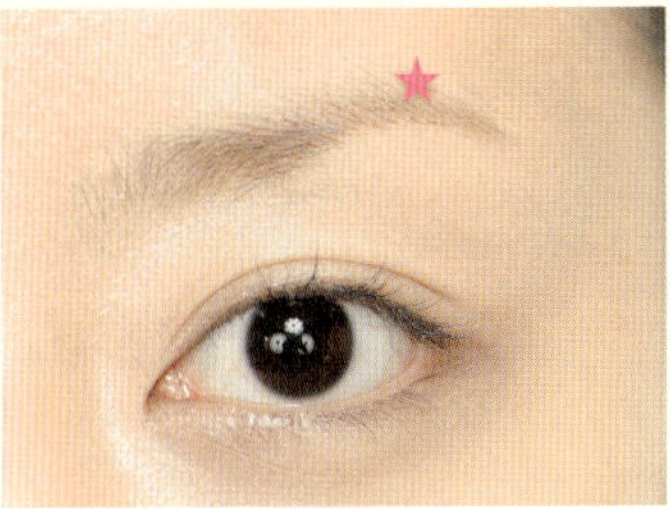

1

ティッシュオフして油分を除き、フェイスパウダーで軽く押さえる。これにより、眉が描きやすく、長持ちするようになる。

2

眉山を決める。額にシワが寄るように、眉を引き上げる。★の位置に筋肉のへこみができるので、ここから少し外側（白目の脇から垂直に上がった辺り）が眉山のトップになります。

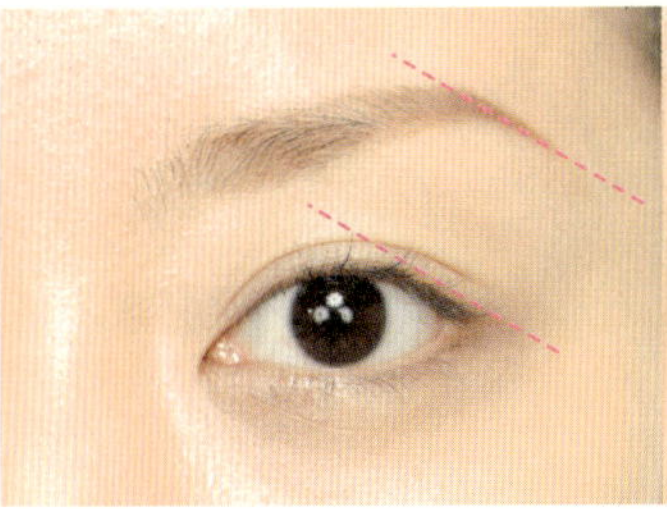

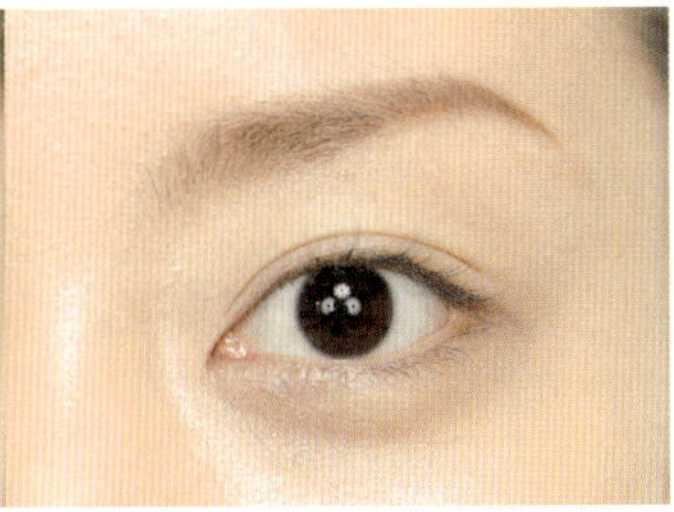

3

眉山から眉尻にかけて描いていく。アイブロウペンシルでスッスッと軽やかに動かしていく。眉山から眉尻へのラインは、目の輪郭と平行にするときれいに見える。

4

眉頭から眉山へ、スッスッと眉を埋めるように描いていく。最後に、ブラシの先端を使って、全体をなじませる。力を入れすぎるとラインが消えてしまうので、軽いタッチで行う。

写真右側の眉（左顔の眉）だけをメイクした。眉をメイクしただけなのに、写真右側の目（左目）が、写真左側の目（右目）に比べて、大きく見える。

「私が愛用するアイブロウペンシルとリップペンシルが一本になったペンシル。昔、学校の先生が持っていた赤と青が一本になった鉛筆のようでかわいい」

03
アイライン1

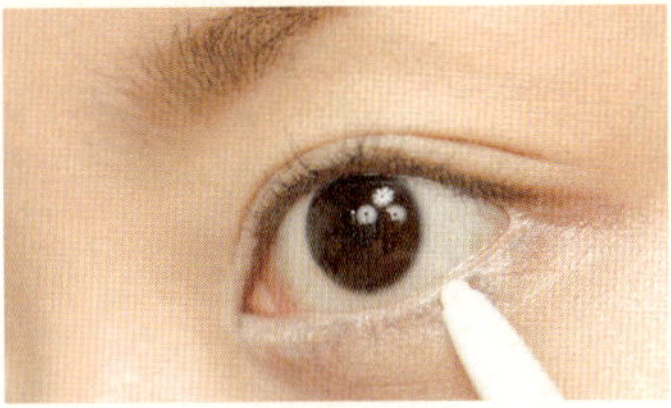

下まぶたで使用するのは、ホワイトの柔らかいペンシル。目頭から目尻にかけて、まつげより内側の下まぶたにインサイドラインとして書き入れる。軽く下まぶたの下を引っ張るようにして手で押さえると書き入れやすい。また、目頭にもくの字に入れる。これだけで目元が明るく華やぐ。

04
アイカラー

アイカラーを塗る際に、意識するのは「アイホール」です。アイホールとは、まぶたを指で押して下に骨がない、眼球にかぶさっている丸いゾーンです。このアイホールに、2色を塗ります。

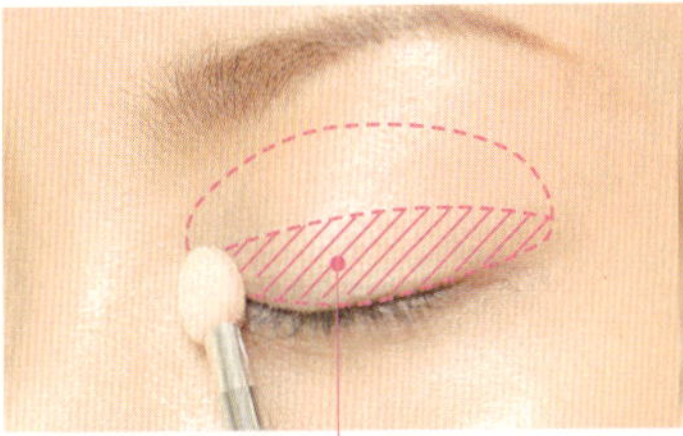

薄い色を塗る部分

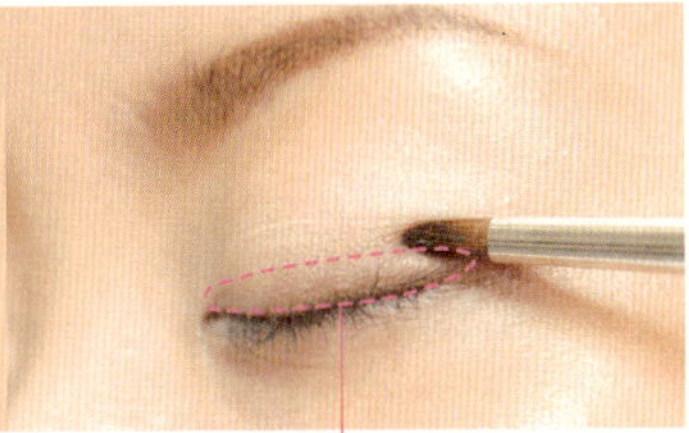

濃い色を塗る部分

1

アイカラーの発色をよくするために、ハイライトをアイホール全体に塗る。目頭をくの字に塗るのがポイント。そして、アイカラーパレットでいちばん薄い色を、アイホールの下半分まで塗る。

2

アイカラーパレットでいちばん濃い色を、アイホールのまぶたの際に塗る。まぶたの際になるほど、太い線を描くように塗る。
※目の腫れぼったい人は、少し濃いベージュをアイホールの上の際（まぶたの骨の辺り）に塗る。

05

アイライン2

リキッドアイライナー、またはにじみにくいペンシルで、上まぶたを書く。目尻側を5ミリほど先に書いてから、目頭から目尻までまつげの際に沿って一気に入れてつなげると書きやすい。最後に筆の先端で、まつげとまつげの間を埋めるように入れる。

06

ハイライト

Tゾーンと Cゾーンとまゆの下にハイライトを入れる（ゾーンは右の写真参照）。ハイライト用のパウダーを、指やブラシ使ってつけましょう。

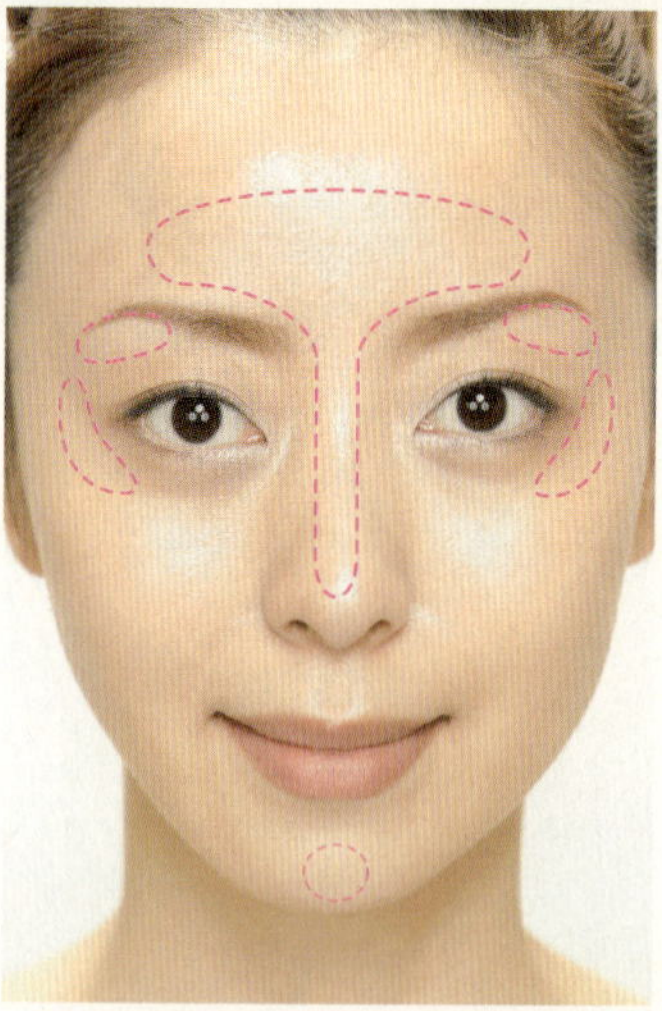

ハイライトを入れる位置

07

リップメイク

1

リップペンシルでリップラインを描く。唇より、少し大きめに描くのがポイント。大きな唇は、人相学的に見て経済力がつく。

2

リップブラシで口紅を全体に塗る。そのまま口紅を塗ってもＯＫ。

3

最後にリップグロスを塗る。

口紅の基本色は、あまり色味を感じさせないベージュ系。色白の方ならば、薄いピンクベージュがいい。写真のような３種類のカラーがあると便利。

08
開運メイクの仕上げ

1

顔全体にスポンジを軽く当て、余分な油分を取り除く。これで化粧崩れを防ぐ。

2

透明タイプのフェイスパウダーをごく少量パフに取り、肌を押さえる。脂浮きや化粧崩れを防げる。

肌を押さえる前に、必ず手の甲などでひとはたきをするといい。つけすぎているときには、手の甲で何度でもはたく。

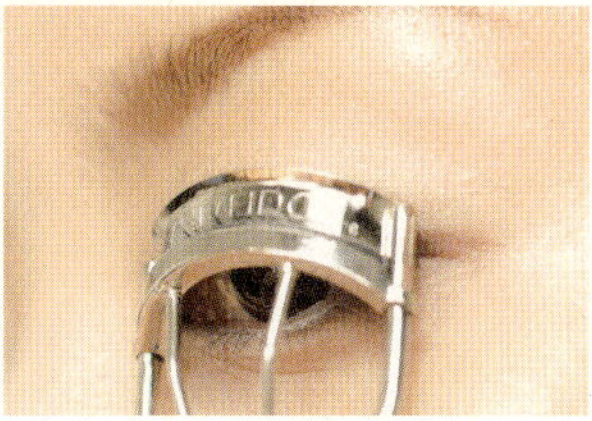

3

写真を参考に、頬骨《きょうこつ》の辺り（笑うといちばん高くなる部分）にチークをブラシで入れる。

ブラシを使う際には、やはり手の甲などでひとはたきするといい。これで濃くつきすぎることはない。
※クリームタイプのチークは、指でつけてぼかす。

4

目頭の上まつげをビューラーでカールさせる。根元を3回、そして中間、先端と5回に分けてビューラーで押さえるときれいなカールができる。

5

マスカラを上下のまつげにたっぷりつける。上まつげは、いったん上から塗り、次に下からもち上げるように塗る。下まつげは、ブラシの先端を縦に使ってつける。まつげの根元は、特に念入りに。まつげが固まってしまったら、コームなどで離す。

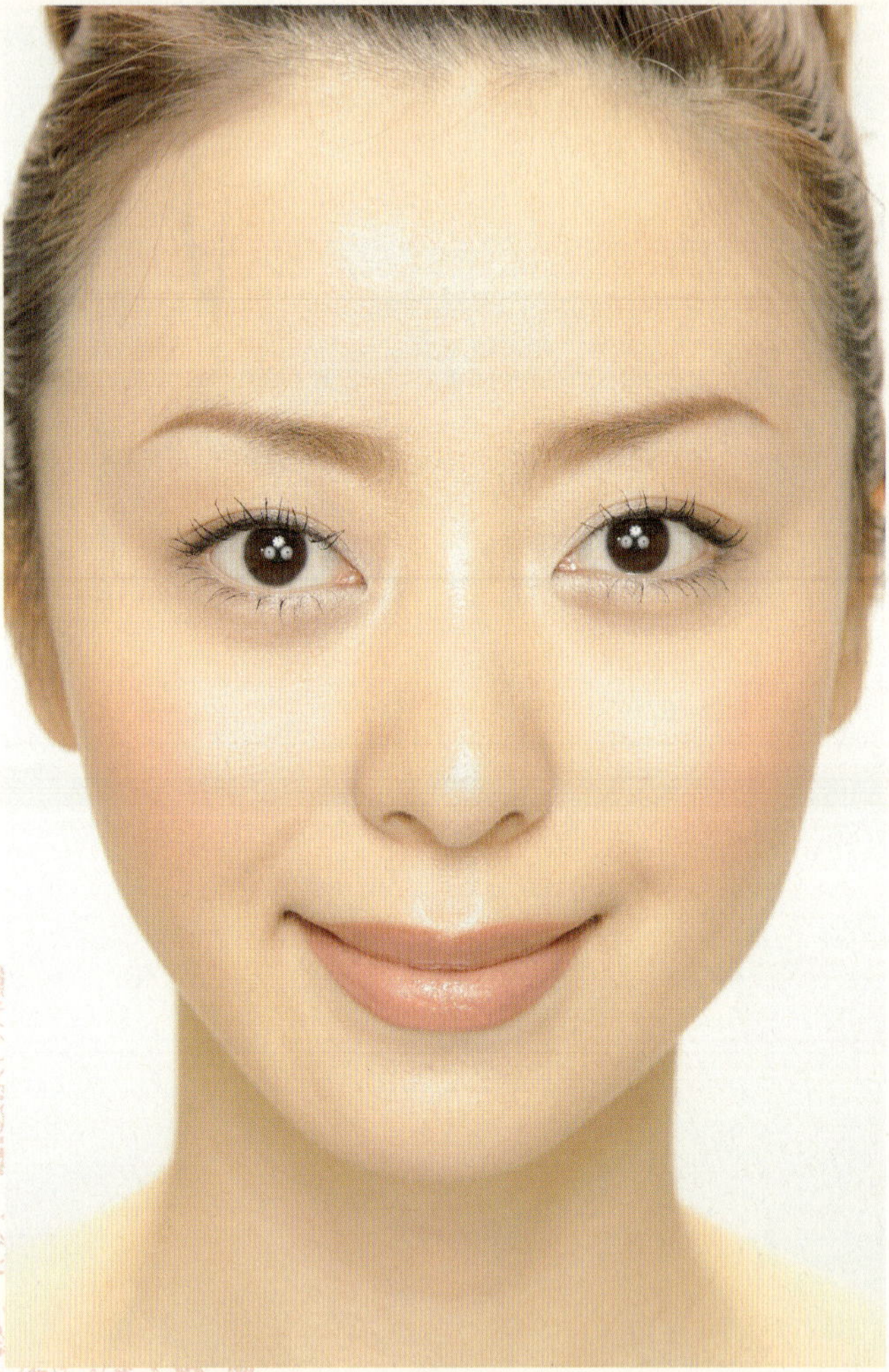

完成！

メイク前

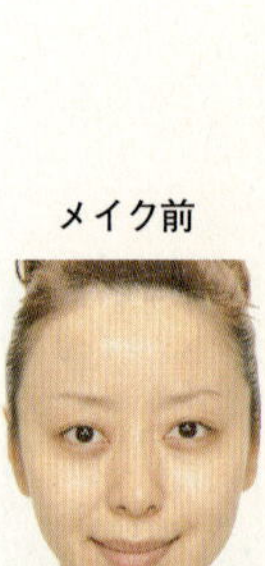

アイカラーのバリエーション

アイカラーを変化させるだけで、印象はずいぶん変わります。流行のカラーなどを取り入れれば、ぐっとおしゃれな雰《ふん》囲《い》気《き》になります。

写真で使用しているのは、グリーン系のアイカラーです。

薄い色はアイホール全体に、濃い色は目の縁につける。縁の外側が太い線のようにつけるのがポイント。

使ったのは、写真左側のパレットです。

小顔マッサージ

顔のむくみやこりが取れ、小顔になると評判の「小顔マッサージ」。

基本的には夜、お風呂上がりに行うといいでしょう。もちろん、朝、化粧前に行ってもかまいません。

３分もあればできる、簡単で気持ちのいいマッサージです。

滑りのいい美容液や、オリーブオイルなど使い慣れたオイルを塗って行います。

基本的には、押して気持ちのいい部位をマッサージします。

マッサージのタッチは、指や手を顔の骨や筋肉にギュッと力強く押しつける感じです。押しつけながら、ゆっくり指や手を移動させたり、指圧のように押したりします。

マッサージを一通り行えば、その場で顔がすっきりします。数週間、継続して行えば、確実に顔立ちが変わってきます。

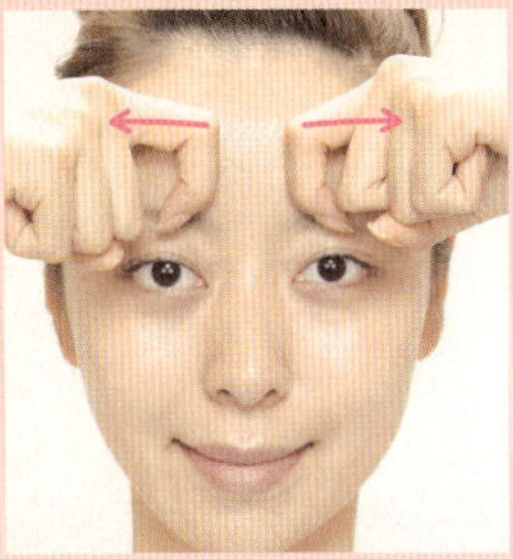

1 額

額中央からこめかみに向かって、両手で額を押したり、押したまま滑らせたりする。人差し指の第2関節の骨を使って、額を押していくといい。最後に、こめかみを2～3度押す。

2 眉

眉頭から眉尻に向かい、眉毛の上から押したり、押したまま動かしたりする。

3 目の周囲

片方の手でこめかみの周辺を引っ張るように押さえる。この状態のまま、目尻の下から目の下、目頭を通って目の周りを円を描くように指の腹で滑らせるようになぞる。目の周囲だけは、軽いタッチで行う。これを3～5回。

4 頬

頬骨の上下を中心に、両手の拳を使って押しもみしていく。押して痛いところを見つけたら、集中的に押す。鼻の下、口の周囲、えらの辺り、あごも痛むところがあったら、同様に押しもみする。

5 あご

あごの下から耳に向かって、親指の腹と人差し指の背で挟むように押しながら滑らせていく。肉を削ぎ取るような感覚で行うといい。これを3～5回。

サプリメント

「私が愛用しているサプリメントの一部です。青汁や酢、ミネラルが配合された『青汁酢』。"若返りのビタミン"といわれるコエンザイムQ10。眼と髪にいい成分が詰まった『眼髪《めがみ》様《さま》』。お肌にいいというコラーゲンのドリンク剤。すべて『銀座まるかん』のサプリです」

ふだんから身につけているアクセサリーです。女性は社会の花ですから、遠くからでもわかるような光り輝くものを身につけるようにしています。

私のパーティファッション

私のパーティ用のドレスのコレクションをご紹介します。ドレスから靴まですべて特注で、ファッションデザイナーの早《そう》田《だ》鉄《てつ》也《や》先生に作っていただきました。早田先生は、オートクチュールデザイナーで、ミュージシャンやアーティストのライブ用の衣装やパーティ用の衣装などを手がけています。

郵 便 は が き

113-8765

料金受取人払

本郷局承認

5404

差出有効期限
平成20年
8月31日まで

(切手ははらずに
ご投函ください)

東京都文京区湯島2−31−8
マキノ出版本社ビル3F

マキノ出版
書籍編集部

『ハッピーラッキー魔法のメイク』係行

(〒 −)

ご住所 tel.

ふりがな

お名前

Eメールアドレス @

年齢 歳 □男 □女 □既婚 □未婚

ご職業
1. 小・中・高校生 2. 専門学校生 3. 大学生・院生
4. 会社員 5. 公務員 6. 会社役員 7. 教職員 8. 自営業
9. パート・アルバイト 10. フリーター 11. 主婦 12. 無職
13. その他( )

ハッピーラッキー魔法のメイク

7063

ご購読ありがとうございます。今後の出版企画の参考にさせていただきますので、
お手数ですが下記の質問にお答えください。
抽選で毎月50名様に特製図書カードをプレゼントします。

1.この本を何でお知りになりましたか？

a. 新聞で（朝日・読売・毎日・産経・日経・その他［　　　　　　　　］）
b. 雑誌で（『ゆほびか』・『安心』・『壮快』・その他［　　　　　　　　］）
c. 店頭で実物を見て　　d. 人に勧められて
e. その他［　　　　　　　　］

2.お買い求めの動機をお聞かせください。

a. タイトルにひかれて　　b. 著者にひかれて
c. テーマに興味があって　　d. デザイン・写真・イラストにひかれて
e. 広告や書評にひかれて　　f. その他［　　　　　　　　］

3.お読みになりたい著者、テーマなどをお聞かせください。

4.定期的にお読みになっている新聞や雑誌をお聞かせください。

5.本書についてご意見、ご感想をお聞かせください。

アンケートにご協力いただき、ありがとうございました。
※あなたのご意見・ご感想を本書の新聞・雑誌広告などで

1. 掲載してもよい　　2. 掲載しては困る　　3. 匿名ならよい

第２章

この世が天国になる「天国言葉」

幸運が雪崩のごとくやってくる

「開運メイク」をするようになると、私のお店・十夢想家《トムソーヤ》はとても繁盛するようになりました。顔のツヤでお客さんがたくさん来るようになるなんて、とても不思議です。

不思議という言葉の意味をご存じでしょうか。不思議とは、「なんでだろう」と思うことも、みんなで議論することもいけないという意味なのだそうです。この意味自体が不思議ですよね？

さて、ツイてる人になる第2ステップです。これは、斎藤一人《さいとうひとり》さんから教えてもらってから、20年間、私が実践していることです。開運メイクよりも簡単です。

それは、人の幸せをただ願うだけでいいのです。あんまり簡単すぎて拍子抜けしましたか？

それが家族であろうと、偶然知り合ったまったくの他人であろうと、出会う人、出会う人、すべての人に対して幸せを願うのです。

人と出会ったら、次の言葉を心の中で唱えます。

「この人にすべてのよきことが、雪崩《なだれ》のごとく起きます」

この方法を、最初、一人さんから教えてもらったとき、私はびっくりしました。たとえば、電車に乗り合わせたまったく他人の幸せなど、思ったことも、考えたこともなかったからです。

それと同時に、一人さんのすごさを知りました。見知らぬ人の幸せを願うなんて、なんて心の豊かな人なんだろうと思いました。

心の豊かな人が神様からごほうびをいっぱいもらえて、人生が幸せで豊かになるのです。早速、私も実践しました。出会う人すべてですから、一日に何十人もになります。

人の幸せを願うようになると、不思議なことに、まずは自分の心の中で変化が起きました。人の幸せを願う自分が、とても気持ちよくさわやかなのです。

「自分は豊かだなあ」という気持ちがしてきます。そして、いつしか心から人の幸せを願うことが当たり前になりました。

「この人にすべてのよきことが、雪崩のごとく起きます」

こう唱えるだけで、ますます人相がよくなり、ますます顔のツヤが自然と出てくるようになります。そして、あなた自身の運がますます開けていきます。

人の幸せを願うことは、結局、あなたの幸せに結びついていくのです。

電車で自分の目の前に座っている人、スーパーのレジ係の人、すれ違った人、そしてあなたの大事な人など、出会った人みんなに、心の中で唱えてください。

最初は気持ちが伴わなくてもかまいません。唱えているうちに、気持ちは入ってきます。できたら、自分の苦手な人や嫌いな人に向けても、心の中で唱えてみましょう。唱えた数日後には、今までのことがうそのように心のわだかまりが消えていくはずです。豊かになった自分に気づき、幸せを実感することでしょう。

とても不思議ですが、これはご自分で実感するほかありません。そうそう、不思議の意味は先ほどお話ししましたよね。

運を開く「つやこの法則」

「開運メイク」と人の幸せを願えば、あなたに幸せが雪崩のごとくやってきます。でも、もっと幸せになりたくはありませんか?

そんな欲張りな人のために、もう一つとっておきのことをお教えしましょう。幸運を呼び込むには、ふだんから遣《つか》うある言葉が重要なのです。

ツヤと言葉、つまり「つやこの法則」こそ、ツイてる人になれる最も重大な法則です。つやこの法則を実践していたら、絶対、不幸にはなりません。

自動車販売の営業をしているある男性は、「月に車が1台しか売れない」と嘆いていました。しかし、つやこの法則を知って即座に実践すると、翌月から月5台の車を売り上げるようになったそうです。

つやこの法則のすごさは、即効性のあるところです。つやこの法則で、人生が急転回で開けていきます。

「ある言葉」とは、「天国言葉」のことです。そして、「地獄言葉」は絶対に言ってはいけません。

次項で、この天国言葉と地獄言葉について、詳しくお話ししましょう。

「天国言葉」と「地獄言葉」

開運メイクを知った私は、どんどんツイて、幸せになってきました。毎日が、前日よりもハッピーでした。

しかし、私はよほど欲があるのか、一人さんにもっと幸せになりたいのだけれど、どうすればいいのか、たずねてみたのです。すると、一人さんはこう教えてくれました。

「もっと幸せになりたいのならば、天国言葉を言ってごらん。いいことが立て続けに起こるから」

そして、私に一枚の紙を渡してくれました。そこには、こんなことが書いてあったのです。

・天国言葉

ツイてる

うれしい

楽しい

感謝してます

幸せ

ありがとう

許します

・地獄言葉

ツイてない

不平不満

グチ・泣きごと

悪口・文句

心配事

許せない

ポジティブな言葉、自分も、周りも楽しく幸せになる言葉は、すべて天国言葉だということです。「大好き」「愛してる」「きれいだね」「おいしい」「ハッピー」「ラッキー」「うまくいっている」なども全部、天国言葉なのです。

一人さんによれば、言葉には「言霊《ことだま》」というパワーがあるということです。その言葉を遣えば、もう一度その言葉を遣うような場面に遭遇《そうぐう》できる——それが、言霊の力だということでした。

考えてみれば、私はこの天国言葉をあまり言っていませんでした。そのため、紙を渡されたその日から、意識して天国言葉を遣うようにしました。すると、開運メイクと相まって、次々とラッキーなことが起こったのです。

たとえば、発車時間ぎりぎりに乗った電車で、「なんとか乗れました。ありがとうございます」と言い、何気なしに窓の外を見ると、きれいな虹が出ていました。

たとえば、家に飾っている花々に天国言葉を言ってあげると、なんだか花の持ちがよくなったように思えました。

ささいな出来事ですが、なんだかツイてるなあと思えることが、次々に起こるのです。私の顔にも自然と笑顔が出てきます。

そこで、母親にも天国言葉を教えました。すると、驚くべきことがすぐに起きました。長年のひざ痛に悩んでいた母が、そのひざの痛みから解放されたのです。

職場での悩みを抱える中年男性に、天国言葉を教えたこともあります。その男性が、それから数日して、「大口の仕事を受注して、社長賞をもらいました」と、喜んで報告してくれました。

また、お子さんのぜんそくで悩んでいたご夫婦に、天国言葉を教えたこともあります。このご夫婦は、夫婦げんかがなくなり、お子さんもゼイゼイとしたぜんそく発作がなくなったということでした。

改めて周囲を見渡してみると、天国言葉を遣っている人には、不幸な人はいません。地獄言葉を遣っている人に、幸せな人はいませんでした。

言葉は、「言霊パワー」を持っていることを本当に実感しました。一人さんによれば「初めに言葉ありき」です。現実がそこで遣う言葉を生み出しているのではなく、言葉がその場の現実を生み出しているということです。そのため、天国言葉をたくさん遣えば、自然と周囲は天国のような状況になっていきます。

反対に、地獄言葉を遣っている人は、いつまでも不幸です。自分自身が地獄を生み出していることに、気がつきません。

万が一、地獄言葉を遣ってしまった場合には、「ツイてる」と10回言って、地獄をキャンセルするようにしましょう。

天国言葉を実践すれば、幸せがどんどん開花していきます。たくさんの方々が天国言葉を知って、その幸せにする強い力を実感されています。

口癖になるまで唱える

多くの方は、うまくいっているときには天国言葉を言えます。しかし、何か問題を抱えているときには、天国言葉を言えないものです。

でも、大丈夫です。心ではどのように感じていようとも、天国言葉をともかく口に出して言うのです。

道ばたで転んでしまったとき、心では「痛い。ツイてない」と思っても、「骨が折れてなくてよかった。ツイてる」と言いましょう。

お財布を落としてしまったとき、心では「ツイてないなぁ」と思っても、「命まで落とさなくてよかった。自分はツイてる」と言いましょう。

そして、もう人生最低にツイてないと思ったときには、「想像もできないほどツイてる」と言うのです。

最初は戸惑うかもしれませんが、天国言葉を言う訓練をしていると、すぐにできるようになります。

訓練のやり方はとても簡単です。トイレやリビングの壁など、毎日、見るところに天国言葉を書いた紙を貼《は》っておいて、それを何度も読むのです。そうすれば、天国言葉が自然と口癖になります。

私は一人さんを見習いながら、天国言葉の訓練をしました。その方法とは、日ごろから出会った方々に対して感謝の言葉を口にすることです。

レストランに入り、ウエイトレスさんが水を持ってきてくれたら「ありがとうございます」。レストランを出るときには、「おいしかったです。ごちそうさまでした」。

公園や公衆トイレの掃除をしてくれている方を見たら、「こんにちは。ありがとうございます」。こんなふうにご挨拶《あいさつ》をさせていただくと、みなさん必ず笑顔で言葉を返してくれます。世の中、いい人がいっぱいだなあと思います。それだけで心がとてもさわやかになり、うれしくなります。こちらが感謝をしたはずなのに、かえって感謝されるのです。

しかし、たまには嫌な出来事にあったり、変な人と出会ってしまったりして、地獄言葉が出そうになるときもあります。そんなときには、ジョークでかわすようにしています。

たとえば、こんな出来事がありました。一人さんたちとある旅館に泊まった際のことです。夜眠ろうとしたところ、布団が湿気を吸っていて、とても重いのです。すると、一人さんは笑いながら言いました。

「いやぁ、布団を10枚かけてるくらい得した気分だよ」

一同、大笑いです。

私たちは、ムスッとして感じの悪い人に出くわしたときは、「すごいね」と笑います。車でなかなか車線に入れてくれなかったり、乱暴な運転をする車に出くわしたりすると、「達人だね」とやっぱり笑います。

もちろん、いっしょに笑い合える仲間がいることも、とても大切だと思います。

この本に出会ったのも何かの縁です。「天国言葉で生きるぞ」と覚悟を決めてください。そうすれば、日常の中で幸せなことにたくさん気がついてきます。

そして、もっと幸せなことが雪崩のごとく起きてきます。

幸運の女神を呼び込む方法

第1章でもお話ししましたが、幸運の女神はキラキラ輝くもの、そして笑顔と天国言葉が大好きです。ですから、天国言葉を実践している人にはたくさんの幸運の女神がつき、幸せを運んできてくれます。

ところが、この幸運の女神は、暗い顔や地獄言葉が大大大嫌いです。たった一言でも、地獄言葉を遣うと、サッと姿を消してしまいます。

それに比べ、貧乏神はジメジメとしつこい性質です。一度取りつかれると、なかなか離れてくれません。

地獄言葉が大好きですから、地獄言葉を遣っている人には、居心地のよさを覚えてファミリーで住み着きます。そして、そんな人のもとには、不幸が山のようにたまるようになります。するど、また地獄言葉が口から出てきます。まさに悪循環です。貧乏神がどんどんふえていってしまいます。

そんなときには、つやこの法則、つまり天国言葉を実践することです。つやこの法則を実践すると、幸運の女神が聞きつけて、すぐにやってきてくれます。

しかし、貧乏神はしつこいのです。ずっと住んでいたところから離れたくありません。そのため、わざと地獄言葉を言いたくなるようなことを起こします。

この貧乏神の作戦に引っかかってはいけません。ここで地獄言葉を遣ってしまうと、「こいつはちょっとした作戦ですぐ地獄言葉を遣うから、やっぱり居心地がいいぞ」と、また貧乏神の仲間を呼んできてふやしてしまいます。そんな心の弱さを見て、幸運の女神様は逃げてしまいます。

こんなふうに、天国言葉を遣い始めて少し経つと、ほぼ間違いなく地獄言葉が遣いたくなるような、貧乏神から試されるような出来事が起こります。この作戦に引っかかることなく、どうぞ天国言葉で乗り切ってください。

乗り切ることができれば、「この人はめったなことでは地獄言葉を遣わないから居心地がいいわ」と、幸運の女神は仲間を呼んでくれます。たくさんの女神が集まり、大きな幸運を運んでくれます。

ですから、何か嫌な出来事が起こったら、幸運の女神様が来られるチャンスだと思ってください。天国言葉をたくさん遣って乗り切るのです。

幸せは伝染する

つやこの法則を実践すれば、周囲も天国へと変わっていきます。家や職場が天国言葉であふれ、他の人々にまで幸福が伝染していくのです。

天国言葉と同様に、地獄言葉も伝染します。家や職場が地獄言葉であふれれば、ほかの人々にまで不幸が伝染していくのです。

ここで一つ例を出しましょう。

ある建築関係の職人さんの弟は引きこもりで、兄である彼はそれをたいへん気にしていました。また、当時は不景気で仕事もうまくいっていませんでした。そのため、弟のグチをこぼし、弟にも仕事の文句ばかり言っていたそうです。

ところがある日、この兄がつやこの法則を知り、実践するようになりました。すると、急に仕事が忙しくなってきたというのです。忙しく、周囲に不満を言うひまもなくなるほどです。

仕事が順調にいくので笑顔が自然とふえ、職場や家の雰囲気《ふんいき》もよくなってきました。気がつくと、弟さんが会社に勤めるようになり、父と自分に寿司屋でごちそうまでしてくれるようになったということです。

天国言葉と地獄言葉が伝染するということは、幸せと不幸せも伝染するということです。自分が問題から抜け出すと、周囲の人にも問題がなくなってしまうのです。

自分が幸せになると、周囲も幸せになります。幸せな人が一人いれば、周りも幸せになれるのです。

しかし、天国言葉についてお教えしても、なかなか実行できない方がなかにはいます。これまで地獄言葉を多く遣ってきたので、気恥ずかしくて「ツイてる」などとなかなか言えないというのです。

こうした方は、開運メイクから入ればいいのです。開運メイクをして、鏡に映る自分にうれしくなると、自然とポジティブな気持ちになってきます。きれいになると、他人からほめられます。つまり、天国言葉をかけられるようになります。

すると、天国言葉も違和感なく遣えるようになるのです。外見を装うことで人格が変わり、人生が変わっていくのです。

開運メイクで、まずは自分に自信を持ってください。そして、天国言葉を遣いましょう。

重要な「許します」

天国言葉には、「許します」という言葉が入っています。この「許します」という言葉は、非常に深い意味を持つ重要な天国言葉です。

私の講演会では、みんなで天国言葉を言ってもらうことがあります。ほかの言葉では違和感なく唱和できるのですが、この「許します」、特に「自分を許します」と言えない方がいます。

「許します」と言えない方は、許せない出来事や人を持っています。そして、その原点には、自分を許せない存在だという思いがあります。自分が嫌いで、自分が許せないのです。

自分が好きな人は、自分の失敗も欠点も許すことができます。それと同時に、他人の失敗や欠点も許すことができるのです。

ところが、自分が嫌いという人は、自分の中に「こうでなくてはいけない」という厳しい決まりを設けています。その決まりから外れた自分を、許せないのです。そして、他人も自分同様に、その決まりから外れた人を許せないのです。

人間は完璧な存在ではありません。天国言葉を遣うことによって、自分を許してあげてください。自分を許すことができれば、他人を許すことが次第にできるようになっていきます。

自分を嫌いな人、そして自分を許せない人は、絶対に幸せになれません。それは心のどこかで、許せない自分が幸せになれるわけがない、幸せになってはいけないと思っているからです。

「自分を許します」とどうしても言えない人こそ、心では思えなくても、まずは口に出して言ってみてください。

さあ、天国言葉を遣って、幸福になっていきましょう。

生まれてきてくれてありがとう

ある講演会が終わったあとのことです。

私のもとに、障害児のお子さんを持つあるお母様がいらしゃいました。どうしても自分を許すことができないというのです。そのため、「許します」という言葉だけはどうしても言えないというのです。

彼女は、自分をきつく責めていました。子どもを置き去りにして、自分だけが幸せになってはいけないと思っているのです。華やかに着飾るなど、考えてもいけないような雰囲気でした。

お母様がそうした状態ですから、周囲も気楽に接することはできません。

彼女の心痛を思えば、私も安易な言葉などかけられません。日々、緊張しながらも、母娘で幸せをつかもうともがいているのです。

そんな彼女には、私なりに考えて、こんな言葉をかけさせていただいていました。

「子どもはみな、親を選んで生まれてくるのだそうです。障害のあるお子さんは、特に優しい性格の親御さんのもとに生まれます。すべてに意味があり、あなた方は挑戦しているすばらしい魂《たましい》なんです。

心で思っていなくてもいいですから、こう言ってください。『自分を許します。人も許します。自分が大好きです。あなたが大好きです。私のもとに生まれてきてくれてありがとう』と。

あなたが自分を許せないと、お子さんも自分を許せなくなります。不幸せになります」

彼女は、か細い声でやっと「許します」と言えました。すると、自分を縛《しば》っていたきつい縛りが解けたようで、泣き崩れてしまったのです。そして、お子さんを愛《いと》おしくてたまらないというように抱きしめました。

自分を許せるようになると、お子さんをもっと愛せるようになります。心に満ちた幸福な思いが、周りにもあふれるようになります。

次の講演会にも、彼女は来てくれました。開運メイクを覚え、前よりもずっときれいになった彼女は、お子さんを連れて幸福そうに笑っていました。周囲には幸福感が漂っているようでした。

自分を許せば健康になる

これもまた、講演会のあとの出来事です。講演会のあと、主催者が開いてくださったパーティの席で、私のもとに地獄言葉だらけの石橋《いしばし》君という若い男性がやって来ました。

「ぼくは病気なんです。難病で治らないのです。目の手術をもう16回もしました。自殺をしようかと思ったほどです」

お酒を勧めても、

「お酒は1滴も飲めません。肝臓も悪いものですから」

と、にべもありません。食事を勧めても、

「食べ物もだめなんです」

その言葉を聞き、私は言いました。

「さっきの私の天国言葉の話を聞いてたかな？

今、あなたが話したこと、どちらかというと地獄言葉なんだけどな。あなたが具合の悪いのは事実だとしても、その話をずっと聞かされている周りの人たちは楽しいと思う？

たとえば具合が悪くても、『みんなといると楽しいです』とか言ってほしいなぁ。

あなたは、『自分を許します』と言えますか？」

「だめです」

彼は、やはり自分を許せないのです。

病気に悩む人やいつも体調が優れない人は、自分や人を許せないことが多いようです。

「『自分を許します』と、がんばって言ってみて。思っていなくても、口先だけでもいいんだから」

と応援する気持ちで私はさらに言ってみました。

「だめです」

「えっ、思っていなくてもだめ？　じゃあ、せりふだと思って、せーのっ」

「だめです」

「じゃあ、『許せない自分を許します』と、言ってみて」

「だめです」

と、彼は何度も「だめです」と言うだけでした。

私は、「うーんどうしようかなぁ」と思い、にっこり笑って冗談で言いました。

「石橋君、言えなかったらもう出入り禁止ね」

すると、すごくつらそうな顔をして、小さな声でしぼり出すように言ったのです。

「わかりました。……自分を許します」

この言葉を聞き、私はすごくうれしかったです。そこに居合わせた仲間からも、ワァーと拍手がわきました。

「よかったね、石橋君。言えたじゃない。私たちうれしくなっちゃった。みんなを喜ばせたぶん、あなたに幸せが来るからね」

「本当ですか？」

と、彼はニコッと笑いました。30代で歌舞伎役者風の風貌《ふうぼう》をしている彼の笑顔がとてもよかったので、

「その笑顔いいよー」

と私が言うと、またみんなから拍手がわきました。

「またまたみんなその笑顔にうれしくなっちゃったよ。そのぶん、あなたに幸せが来るからね」

「本当ですか？　自分を許します。自分を許します。自分を許します。……」

と、彼は何度も大きな声で言ったのです。

その日の帰り、

「ちょっとは幸せになったかな？」

と私が聞くと、

「すげー幸せになりました」

と言い、私が彼に握手をしようと手を差し伸べると、その手をぎゅーっと強く握ってくれました。

次の講演会にも、彼は満面の笑顔で来てくれました。

そして、講演会が終わったあとに催された食事会のときです。みんなで驚いたことがありました。彼が生ビールを頼み、食べ物に関してもなんでもぱくぱくと食べているのです。

「大丈夫なの？」

と私が聞くと、

「はい。調子いいんですよ。うまいですね。これもうまいですね」

と言うのです。そのうえ会話の途中に、

「許します」

などと言って、みんなから笑いを取っていました。

さらに後日談があります。

自分を許せない人というのは、なぜか自分のことが好きではないのです。自分が嫌いなのです。それで、ある日、私は彼に聞いてみました。

「石橋君、自分のことって好き?」

そしたら、なんと彼は自分自身を両手で抱きしめながら、

「愛しいほど大好きです。

自分は最初、『自分を許します』ってほんとうに言いたくありませんでした。でも、何度も口にしているうちに、心の中で何かが解けてきて、いつしか許せる自分になっていました。

そして、生まれて初めて両親に感謝の気持ちがわいたんです」

と言ってくれました。

今、彼には仲間がたくさんできて、みんなの人気者になっています。自分を許すことで、幸せと健康を手に入れたのです。

病気や不調を治すには

自分や他人を許せないと、体が硬直してきて、血液が滞《とどこお》ってしまいます。その結果、病気になることが多いようです。

頭痛など頭にトラブルを抱える人は、目上の人に対して嫌っているなど、許せない人がいま

す。

首がこるなど首にトラブルを抱える人は、首は頭と胴のつなぎ目ですから、同僚や兄弟など、同じレベルの人に対して嫌っているなど、許せない人がいます。

腰痛など腰にトラブルを抱える人は、部下や子どもなど目下の人に対して腹を立てているなど、許せない人がいます。

アトピー性皮膚炎などのアレルギー体質がある人は、自分を許せなくなっています。自分を嫌い、自分を責めているのです。

病気や不調がある人は、だまされたと思って、以下のように声に出してみましょう。

「自分を許します。○○さん（許せない人の名前）を許せない自分を許します。許せないといった自分を許します」

「許す」は「緩す」に通じます。そのため、体が緩み、血液の流れが促進されていくのです。

また病気を抱える人は、無意識に地獄言葉を遣っていることがよくあります。「私は何をやってもだめだ」「何をしてもよくならない」「すぐ疲れる」「何を食べてもおいしくない」「生きていても楽しくない」などです。

病気から脱したいならば、意識して地獄言葉を遣うのをやめましょう。

また、「どこどこが悪い」という言い方もやめましょう。たとえば、腰痛持ちで、「私は腰が悪い」という人がいます。しかし、腰が悪いのではなく、腰を大事にしないあなたが悪いのです。

今日からは、「いつもありがとう。苦労かけていて悪いね。感謝しています」と痛む腰をねぎらいましょう。

病気は、食べ物か考え方、どちらかまたは両者の間違いから起こります。魂を養うのが考え方、肉体を養うのが食べ物です。両者を間違えなかったら、病気にはなりません。

また、病気になっても、食べ物と考え方を正せば治ってしまうことがよくあります。ひざ痛の方はひざの使い方を間違えています。ノイローゼの方は脳の使い方が間違っているのです。

どうぞ自分を許し、他人を許して、つやこの法則を実践してください。つやこの法則を実践すれば、石橋君の例のように、幸せと健康の両方を手に入れることができるでしょう。

●コラム2——考え方一つで人生は変わる

私たちは、日々、生きるために栄養という名のさまざまな物を食べます。その食物のすべては生き物です。

お米やトマトなどの植物も生き物。もちろん、マグロやホタテ、牛や豚などの生物もみんな生き物です。生きている命を食べているのです。

しかし、生き物は人間に食べられることによって、命が途絶えてしまうわけではありません。命を食べることによって、その命は人間に受け継がれます。食べた人の体の中で、まるでリレーのように生きているのです。

私たち人間は、ものすごい数の命の総体といっていいでしょう。そのことを理解しておかないと、多くの命が無駄になってしまいます。

たとえば、「毎日、つまらないなあ」とか、「もう嫌だなあ」とか言って生きている人がいるとしましょう。そんな人だろうと、たくさんの命が詰まっていることにちがいはありません。しかし、つまらない人生を送っていたり、愚痴《ぐち》や泣き言ばかりを言って毎日を過ごしていたりすると、そのたくさんの命までもが無駄になってしまうのです。

たくさんの命を無駄にしないためにも、「楽しいなあ」とか、「幸せだなあ」という言葉が自然と口をついてくる人生を送れたらいいのです。

特にこの地球というところは、考え方一つで人生が変わってしまいます。物事をポジティブにとらえて魂が向上してくると、気づけばそこは天国になります。反対に、物事をネガティブにとらえて魂が下降していくと、気づけばそこは地獄になります。

地球は、天国とか地獄とかに行くための予行演習のための場所なのです。命を大切にする人はほんとうに幸せに生きられますが、命を無駄にしてねたんだり怨んだりしている人はまったくの暗闇で過ごすことになるのです。

だからこの地球で、命を大切にして天国として生きていくことが大切だと思っています。

第3章

「幸せバリア」を厚くする

幸せってどんな気持ち？

あなたは今、幸せですか？

心から「幸せ」と言えるならば、あなたの人生は順調です。そのまま、幸せに磨きをかけてください。

もし心から「幸せ」と言えないのならば、何かが間違っているのです。なぜなら人はみな、幸せになるために生まれてきたのですから。

「幸せになるのは権利じゃない。義務なんだ」

斎藤《さいとう》一人《ひとり》さんは、こう言います。

みんなが幸せになったら、ほんとうに素晴らしいですよね。

私は今、とってもとっても幸せです。

他人からはよく、「一点の曇りもないほど幸せそうだね」と言われます。そして、実際に私はそうなのです。

私の幸せとはどういう気持ちなのか説明するとしたら、ただただ生きているだけで幸せなのです。何かを持っているから幸せとか、そういうものではありません。

なんだか楽しくて空を見上げたらきれいでうれしくて、緑や花もなんてきれいなのだろうとまたまたさらに幸せになって、心がさわやかで、小躍りしたくなるようなワクワクとした気持ちでなんだか楽しいといった感覚なのです。

このワクワクとしてたまらなく幸せな気持ちを、みなさんにもほんとうに味わってもらいたいと心から思います。

この幸せになる方法をみなさんに伝えるのが私の天命だと、勝手に大まじめに思っているほどです。そのために開運メイクなどの講演をしながら、全国を回っています。

そして、私はある発見をしました。

私ばかり幸運だと思っていたのですが、実は私だけに幸運なことが起こっているわけではないのです。

また、不幸せな人だけに嫌なことが起こっているわけではないのです。

幸運な人と不運な人の何が違うかといえば、それは起こった事態に対する考え方なのです。

同じ事態に対面しても、それをどう思うか、視点が180度違うのです。

たとえば、だれかが自分に対して悪口を言ったとします。

私だったら、悪口を言われても「私のことをよく知らないんだわ」と思って相手にしません。

おかげさまで、そんなことを今まで言われたことはあまりありませんが……。

しかし、それをとても気にして傷つく人がいます。

たとえば、他人から「バカヤロー」と怒鳴られたとします。

「よほど不幸で機嫌が悪い人なんだわ。気の毒に」

と私は思います。

しかし、傷つきやすい人はすごく気にしてしまいます。

会う人、会う人に悪口を言われたり、怒鳴られたりした場合には、確かに気にしたほうがいいでしょう。しかし、そういう人はめったにいません。

幸運な人は、他人になんと言われようがそれをあまり気にしません。しかし、不運な人は、他人に言われたことにいちいち傷ついてしまうのです。

つまり、繊細であるばかりに傷つきやすい人に、不幸な人が多いのです。

生きる本当の目的

幸せな人には、「幸せバリア」があります。周りの人の言動や出来事によって幸せな気持ちが揺らぐことはありません。少しくらいの嫌なことや中傷は、この幸せバリアが跳《は》ね返してくれます。

幸せバリアの厚みや強さは、どのくらい自分が好きで、どのくらい自分に自信があるのかによって決まります。

幸せバリアの薄い人は、いちいちささいなことにグサグサと傷つきます。そうした人は、自分を許せず、自分を嫌いで、自分に自信のない人です。

「自分なんて……」という思いから、勝手にどんどん落ち込んで、不幸せな道を歩んでしまいます。

そうした人には、そんな根拠のない不幸な勘違いに早く気づいてほしいものです。

それには、開運メイクをすることです。そして、「自分を許します。自分が大好きです」と天国言葉を言いましょう。それだけで、幸せバリアはぐんと厚くなります。

ほんとうはだれにでも、ダイヤモンドのように美しく光り輝き、決して傷つかない魂《たましい》（神）が宿っているのです。我《が》やほこりがついて、その魂が曇っているだけなのです。

魂を磨いて磨いて、もっと自分がどんどん光り輝くことが、私たちの生きる本当の目的です。

そして、生まれてきた理由なのです。

そのままの自分を好きになる

講演会のときなど、私は会場のみなさんに、よくいっしょに言ってもらっている言葉があります。

「自分を許します。自分が大好きです」

――という言葉です。この言葉は、自分のことを抱きしめながら言ってもらいます。そして、

「自分が最高！」と、これ以上出ないというほどの大声で叫んでもらいます。

人生がうまくいってない人は、字が小さく、声も小さいという特徴があります。そんな特徴から脱するためには、この方法はとても役に立つのです。

先日、開運メイクの講習会に来た20歳くらいの女性に、メイクをしてあげながらこんな質問

をしてみました。

「大きい声を出せた？」

「いいえ、だめでした」

「『自分を許します。自分が大好きです』って言えた？」

「いいえ、言えませんでした」

少し考えてから、私はこんな声をかけました。

「……そうだよね。ほら、メイク完成。自分の顔を鏡で見てごらん。こんなにきれいだよ」

「すごいキレイ！」

彼女より先に、周囲の人たちからそんな声が飛びました。

「本当！　うれしい」

その声を聞き、彼女は泣き出してしまったのです。

「ねえ、自分のことを好きになれそうでしょう？」

「はい、少し」

「私からあなたを見ると、とってもいい女の子だよ。一生懸命で、がんばり屋さんに見えるけどなあ。自分のどこが嫌いなの？　そのままで最高だよ」

「……」

彼女の涙は止まらなくなりました。

「あのさ、何でもかんでも自分のせいにしなくていいんだよ。たまには人のせいにしたっていいいんだよ」

そんなふうに私が言うと、彼女は泣きじゃくります。

「あっ、そうだ、たとえばあなたにそっくりの女の子がここにいて、やっぱり一生懸命がんばってるの。そんな女の子のことを、あなたはやっぱり嫌うの？　嫌わないよね」

「はい」

と言って、また涙です。

「その子が自分のこと嫌ってたら、『そんなことないよ。私は好きだよ』って言ってあげるでしょう」

「はい」

と、今度は泣きながらも笑顔になりました。

「それと同じ。さあ、もう大丈夫ね。私といっしょに言おう。『自分を許します。自分が大好きです』。せーのっ」

「自分を許します。自分が大好きです」

と2人揃って言うと、彼女は満面の笑顔になりました。ほんとうにそのままでいいのです。

そのままの自分を認めてあげて好きになったら、もうそれは幸せの道に向かっています。

ちなみに、一人さん流のがんばるという言葉は、顔が晴れ晴れとした「顔晴る」と書きます。

がんこに意地を張る「頑張る」では、物事はなかなかうまくいきません。

もしだれかから「がんばってね」と言われたら、「顔晴ってね」で受け取りましょう。

そして人に言うときには、「顔晴ってるね」と声をかけましょう。

嫌な人に出会ってしまったら

幸せバリア全開で生きている人にも、幸せな気分を壊す人が現れることがときにあります。過剰に嫌だと反応しているのではなく、ほんとうに嫌な人です。

そんな場合には、嫌な人からは、素早く逃げるといいでしょう。

どうしても逃げられない相手の場合には、いつもと違う自分で接してみてください。最上級の接し方は、開運メイクをして、最高の幸せ気分で「おはようございます。感謝してます」と笑顔で言うことです。

これは効き目があります。犬猿の仲だった上司から、突然、かわいがられるようになったなど、実際に何人にも奇跡が起きています。

そこまではできないという場合にも、開運メイクです。まず開運メイクで、意志の強い、できる女の眉《まゆ》にします。そして、穏やかな口調で、はっきりと、「そういうことはやめていただけませんか?」と、笑顔で言ってみることです。

不思議なことですが、今度何かあったら絶対にこう言おうと心に決めると、もうその現象が起きないということもしばしばあります。

いずれにしろ、このように対策を立てておけば、心に余裕が生まれます。もし嫌な相手に出会ってしまったとしても、対策通りに事を進めればいいのですから何の問題もありません。

気をつけたいのは、地獄言葉や愚痴《ぐち》を言うだけで、何の対策も立てないことです。地獄言葉は何も変化を生み出しません。

幸せバリアを守るためには、やはり開運メイクが何よりも役に立つのです。

悩みを解決する脳天気の勧め

毎日を晴天のような、晴れ晴れとした気持ちで過ごしたいものです。

もし心にモヤモヤを感じたら、何か問題が起きたと考えていいでしょう。心に引っかかっているモヤモヤは何なのか、まずその原因を探ります。

家のこと、仕事のこと、彼氏のこと、一つずつ考えていくと必ず何かが見つかります。見つけたらどう対処するかを考えます。

そして解決法が見つかったらすぐに実行して、モヤモヤとさよならしましょう。もしその解決法でうまくいかなかったら、また違う方法を考えて実行します。

たいがいは、やってみないと答えは出ません。

しかし、物事はそう簡単ではありません。考えに考えた末に実行した解決法さえも、物事を解決してくれないこともあります。

もしそんな難しい問題に直面してしまったら、何も考えないことです。考えてもどうしようもないことだったら、考えたところでバカバカしくて時間の無駄です。

どうしても考えてしまうときには、考えないように自分なりに工夫します。私だったら、人に会うとか、映画を見るとか、漫画を読むとかします。

しかし、どんなにこじれた問題であっても、必ず解決します。多くは時間が解決してくれます。

問題が解決するまでは、開運メイクをしたり、おしゃれをしたりして、自分の機嫌を取っておきましょう。自分の精神状態にとっても、周囲の人に対しても、そのほうがはるかに賢明です。

幸せでプラス指向の人は、問題が起きたときには生産性のある考えに脳を使います。そのため、頭もどんどんよくなりますし、いい解決法も生み出すことができます。

ところが、不幸せでマイナス指向の人は、生産性のないことばかりを考え、もんもんと悩みます。「こうなったらもうだめだ」「ああなったら最悪の事態だ」などと、具体的な解決法を考えることに頭を使いません。悩みや心配事が頭の中をぐるぐるとまわり、生産性のないことばかり考えてしまうのです。

これでは頭がよくなるどころか、悪いほうにばかり脳を使いすぎてノイローゼになってしまいます。

脳天気《のうてんき》という言葉は、とてもいい言葉です。いつも晴れ晴れとしていて、何があっても曇ることがなく、「大丈夫、大丈夫。何とかなるさ」と前向きに考え行動する力になります。

脳天気に生きると、どんどん運が開けて、ツイてる人になっていきます。ノイローゼになるより、よっぽど生産性があっていいと思いませんか？

すてきな彼氏の見つけ方

私がすてきな男性の条件を挙げるとすれば、仕事ができて、男性にも女性にも人気があって、信頼できる人。そして、自分の生き方に自信を持っていて、決していばることがない、そんな人です。

勘違いをしている人もいるようですが、いばっている人というのは、心理学的にいうと自信のない人です。偉そうにしている人に、本当のいい男はいません。これは間違えないように覚えておいてください。

当たり前ですが、すてきな男性ほどモテモテです。当然、彼氏にするには競争率も高くなります。魅力的で輝いている女性でなければ、振り向いてもらえません。

好みの女性のタイプとして、優しい人、性格がいい人を挙げる男性がよくいます。これらの条件は、外見ではなく内面のことを挙げています。男性が「優しい人がいい」と言ったところで、この言葉をそのまま鵜呑《うの》みにしてはいけません。外見がいいに越したことはないからです。

たとえば、同じくらい性格のいい女性が2人いたとしましょう。そんな場合には、間違いなく外見がいい女性を男性は選びます。つまり、華やかでメイクがうまくおしゃれ上手、魅力的で輝いてる人に軍配が上がるのです。

だからといって、ひるむことはありません。決して完璧な美人でなくていいのです。自信を持って、心の中身も外見も自分らしく輝いている人、自分が好きで自分を大切にしている人になってください。そんな女性ならば、周りの男性はほうっておかないことでしょう。

自信のある人は、男性でも女性でも、他人の意見をよく聞きます。自信のある人は、自分の意見をはっきり言える、自信のある人が大好きなのです。もちろん、自分の意見といっても、わがままな意見は聞いてもらえません。

すてきな彼氏がほしかったら、その男性に見合うように自分を磨いてください。恋人同士になれるのは、魅力の度合いが同じ程度の人です。

なお、別れは、どちらか一方がより魅力的になってしまったときに起こります。人としての魅力が、2人の間でバランスを欠いてしまったときに、別れはやってくるのです。

幸せな結婚をするには？

だれかに幸せにしてもらおうとか、一人ではさみしいとか、そんなことを考えて結婚をしようという人がいます。しかし、そんなことを考えている間は、なかなか幸せにはなれません。

先ほどもお話ししましたが、つき合っている2人の魅力は同程度なのです。

一人ではさみしいから結婚をしようと考えている人は、やはり同じように考えている人と結婚することになります。そして、さみしい人がさみしい人といっしょになると、そのさみしさは2倍になります。

また、お金もないのにプロポーズをするような男性も、経済観念がなくてだめです。そのような男性に引っかかる女性も、経済観念がまたありません。

どちらの例にしても、結婚生活がうまくいくわけがないのです。

一人でもじゅうぶん楽しく、人生がうまくいっている幸せな人でなくては、結婚でハッピーにはなれません。そんな人が、この人といたらもっと幸せになると考えて結婚すれば、結婚生活はうまくいき、幸福も何倍にもなります。幸せな人同士、釣り合いが取れているからです。

そんな結婚をすれば、自分も幸せで、家族も周囲の人たちも幸せになります。自分も相手も、幸せのなり方を知っているからです。子どもにも、幸せが当たり前のように伝わっていきます。

もしあなたが結婚生活で我慢を強《し》いられているようならば、周囲からどんなふうに見えようとも、幸せとはいえません。

なぜなら、ほんとうの幸せとは、みんなが幸せな状態だからです。だれかの犠牲のうえに成り立つ幸せなどありません。もちろん、子どもにもいい影響はありません。

脳天気の項でお話ししましたが、幸せになるために、前向きにいろいろ考えてみて、話してみて、行動してみることです。その結果、場合によっては離婚という選択肢もあるでしょう。まずは、あなたの幸せを実現することです。

いずれにしろ、自分を大切にしている幸せな人は、結婚しても結婚しなくても、場合によっては離婚しても、どんどん幸せになっていきます。

何度も言いますが、自分を大好きになりましょう。自分に自信を持って、大切にして、〝今ここ〟で幸せになることが大切です。

話は少し脱線しますが、「ハッピー・シングル・クラブ」というサークルをご存じでしょうか？　未婚者でも、既婚者でも、一人でもとても幸せという自分が、もっと幸せになり、周りの人ももっともっと幸せにしたいという人のクラブサークルです。

そのサークルは、さまざまな出会いの場にもなっています。そしてなんと、名誉会長は私が務めています。

このハッピー・シングル・クラブに興味のある人は、ホームページにアクセスしてみてください。アドレスは、http://www.kirakira-tsuyakohanae.info/です。

幸福が幸福を招き寄せる法則

あなたの周囲の人々は、みんないい人ですか？　もしいい人ばかりだとしたら、それはあなたがいい人だからです。

ここで、私の大好きな話を一つしましょう。とても短い話ですが、生きていくうえでとても役立つ重要なことが含まれています。

ある日、隣村から男が歩いてやって来ました。その男は、近くにいたおばあさんに声をかけました。

「おばーちゃん、この村はどんな村だい？　村の人はどんな人だい？」

おばあさんは、その男に逆にたずねました。

「あんたのいた今までの村はどうだったかね？」

「今までの村はひどかったよ。そこの人にひどい目にあって、いいことは何一つなかった」

それを聞き、おばあさんは言いました。

「そうかい。それなら、この村も同じようなもんじゃろ。いいことはないだろうよ」

それを聞き、その男はまた違う村を探すと言って、その村を通り過ぎて行きました。そして、数日後、また違う男が村に現れ、おばあさんにこう訊《き》きました。

「この村はどんな村で、どんな人たちが住んでいるんだい？」

すると、おばあさんは、数日前と同じように男にたずねました。

「今までの村はどうだったかね？」

「今までの村ではとってもよくしてもらったよ。いいところで、村人もみんな親切だったよ」

それを聞いておばあさんは答えました。

「そうかい。きっとこの村もいいことがいっぱいあるだろうよ。いい村でいい人たちだろうよ」

この話を読んで、あなたはどう感じましたか？

生きていることが楽しくてしかたないという笑顔の人の周りには、その人と同じように幸福な人が集まります。生きることがつらくてしかたないという暗い顔の人の周りには、その人と同じように不幸な人が集まります。

これが、「波動《はどう》の法則」です。波動とは、その人から出ている電波のようなものです。同じ波動の人同士が引き合います。簡単に言えば、「釣り合う」ということです。「類友《るいとも》の法則」とも言います。

先ほどの話でいえば、おばあさんは長い人生経験から、この波動の法則を知っていたといえるでしょう。同じ村であっても、その人がどんなふうに生きるかによって、その人の周囲の状況はまったく変わっていくのです。

たとえば、天国言葉を遣《つか》うと、幸せな出来事がやってきます。地獄言葉を遣うと、不幸せな出来事がやってきます。これもまた、波動の法則によって起こるものです。

波動の法則では、あなたが発している波動通りの物事が起こります。つまり、今、あなたに起きていることは、今のあなたに最もふさわしい出来事なのです。

開運メイクや天国言葉は、この波動の法則を積極的に活用したものです。見た目を美しく、言葉をポジティブにすることで、状況をいいほうに釣り合うように変えてしまおうという方法です。

もう一つ、この波動の法則を活用する簡単な方法があります。それは、幸せな友人をたくさん作ることです。幸せな友人などすぐに見つけられないという人は、最初は幸福な人の近くにいるだけでもいいのです。

幸せな人は、幸福な波動を出しています。幸せな人は幸福を引き寄せ、周囲もまた幸福にしていくのです。家庭でも一人が幸せになるとみんな幸せになっていきます。

一人が天国言葉を遣うと、みんなが天国言葉を遣うようになってくるのに似ています。あなたが幸福になれば、幸せな友人が自然とどんどんふえてくることでしょう。そして、いろいろなツイてることが起き始めて、あなたの周りの風景は一変し、幸福に包まれるようになります。

まずは開運メイク、そして天国言葉です。それだけで、あなたの幸せの波動はぐんと強くなり、それに釣り合った大きな幸福が自然と引き寄せられてくるのです。

●コラム3——神様の手伝い・悪魔の手伝い

私や斎藤一人《さいとうひとり》さんは、神様というものは実在していると思っています。実在というより、神様がいるものだと思って、毎日を生きています。

しかし、そんな私たちに向かって「世の中には神も仏もいない」と言う人がいますが、これは当たり前です。世の中には、神様や仏様はいません。

神様や仏様は、天国にいるのです。天国にいる神様や仏様はこの世にはいられないので、この地上にはそのお手伝いをする人間がいます。また、地上には、神様のお手伝いをする人と、悪魔の手伝いをする人がいるのです。

神様のお手伝いをしている人は、いつも笑顔で愛のある肯定的な言葉、天国言葉を話しています。そのため、気持ちも落ち着いて、リラックスしています。お年寄りが重い荷物を持っているのを見れば、自ら進んで持ってあげたりします。

悪魔の手伝いをしている人は、この反対です。これから自分が地獄に行く用意をしているのではないかと思うくらい否定的な言葉、地獄言葉を遣って、いつも怒ったような顔をしています。怒鳴り声を出していたり、嫌みをねちねち言ったりしています。そのため、気持ちはいつも焦ってばかりいて、なんだか興奮しています。

神様が来ているのか、悪魔が近づいているのかを、簡単に見分ける方法をお教えしましょう。それは、あなたが落ち着いて、安らかな気分で行動ができるかどうかです。

神様や、神様のお手伝いをしている人は、あなたに落ち着きや安らぎを与えてくれます。反対に、悪魔や、悪魔の手伝いをしている人は、あなたを急がせたり、焦らせたりしようとします。

もし自分が急いだり、焦ったりしているようなときは、落ち着いて、安らかな気持ちになれるようにしてください。そうすれば、悪魔の手から必ず逃れることができます。

日常的にも、気持ちを焦らされるような事態に直面したら気をつけてください。それは悪魔のささやきかもしれません。

たとえば、「これはとてもいい物なので、即金で契約してもらわないとすぐに他人の手に渡ってしまう」などと言われたら、要注意です。

また、オレオレ詐欺《さぎ》などはその典型といっていいでしょう。「ご家族が交通事故を起こしました。すぐに口座にお金を振り込んでもらわないと示談にならない」と言われても、そんな話に決して乗ってはいけません。そう持ちかけてくるのは、大概は悪魔の手伝いをしている人なのです。

急がされたり、焦らされたりしても、そのままじたばたして事態に乗ってしまわないことです。まずは気持ちを落ち着かせるようにしましょう。

第４章

開運メイクでツキを呼んだ９名の体験談

肌にツヤが出てきれいになり、うつの女性も立ち直った

村上雅子さん（23歳・会社員・栃木県）

私が「開運メイク」を初めて受けたのは、昨年の9月のことです。舛岡《ますおか》はなゑ先生のメイク教室でのことでした。

初めての開運メイクで、私は不思議な体験をしました。目を閉じて、はなゑ先生に眉《まゆ》をカットしていただいているときから、眉の上がなんだか明るく感じられたのです。額より上の世界に光が増したようでした。

そして、目を開けて鏡を見ると、自分でも驚くくらい目が大きくなっていました。私は「かわいい系」か「美人系」かといえば、かわいい系だと自分のことを思っていました。しかし、このメイクのおかげで、自分のことを初めて「きれい！」と思えたのです。

開運メイクを体験してからは、自分の気持ちがどんどんポジティブになっていきました。前から積極的な性格ではありましたが、さらに磨きがかかったように思います。

ときには自信をなくして消極的になり、自分に対して不満をためて、嫌な言葉を吐くこともありました。しかし、開運メイクを始めてからというもの、消極的になることがピタッとなくなったのです。自分に自信があり、心はいつもウキウキとしています。

開運メイクを始めてからは、洋服の趣味も変わりました。女の子らしいきれいで華やかな色

くなりました。

そんな気持ちになったら、逆にたくさんの人から声をかけられるようになりました。朝の散歩に行くと、何人もの人から声をかけられます。

そのかけられる声の内容も、前とは違うのです。前ならば、「おもしろい人だね」と私は声をよくかけられていました。それが、「女性らしくかわいくてきれいだね」とか、「いつも輝いているね！」とか、言われるようになったのです。他人からこんなふうに天国言葉をたくさんもらえると、人と接するのがますます楽しくなり、幸せがあふれでてきます。

私は、夫が経営するサプリメントなどを扱う健康食品店で販売の仕事を手伝っています。お店に立っていると、お客さんから「メイクが上手ですね」とか、「どうやったらそんなに肌にツヤが出るの？」とか、「あなたのようになりたい」と、言われるようになりました。

そこで、「メイクを教えて」と言ってきた方には、私が開運メイクをお店でお教えするようになりました。今までに数十人に試しましたが、みなさんに大きな変化が起きています。

たとえば、初めてお店にやってきた40代の女性はこうです。彼女は、他人から見ても雰囲気《ふんいき》が暗く、どんよりとしていました。そこで、私が眉毛を開運眉にカットしてあげました。

すると、目を開けて鏡を見る前から、だんだん笑顔がこぼれるようになってきました。目を開けて、鏡で自分の顔と体面すると、パーッと華やかな笑顔になり、「ありがとうっ！」と大きな声で言って帰って行きました。

数日後、彼女はまた私を訪ねにお店に来てくれました。開運眉にして以来、気持ちが沈むことがなくなったといいます。「毎日鏡を見るのが楽しくて、毎日、ウキウキ過ごしています」と言ってくださいました。

次は、うつに悩む30代の女性の例です。彼女は、お店を開ける前から、シャッターの前に立って待っていました。初対面の印象は、やはり暗く沈んだ感じです。「自分の顔が嫌、性格も嫌。自信が持てない。不眠で安定剤を飲んでいる。自分を変えたい。とにかく変えたい。どうしたらいいかわからない」と、つらそうな顔で私に訴えてきました。

出社前で時間の余裕がないということで、とにかく眉だけを整えてみました。私が眉を整え終わると、「鏡を見るのも嫌」と言っていたのに、彼女は鏡をじっとのぞき込んでいるのです。「夕方に仕事を終えたらまた来ていいですか?」と小さな声でおたずねになるので、「お待ちしています」と答えました。すると、お昼の休憩時間にやってきて、「開運メイクを全部してください!」と大きな声で依頼されました。

朝と比べて目が大きく、活《い》き活きとしています。フルメイクを終えると、「自分がこんなに変われるんだー!」と言って、大きく手を振り、大きな声で「ありがとう!」と言って帰って行きました。

開運メイクをしてあげると、だれもが驚くほど変わります。外見だけではなく、内面からもどんどん変化していきます。どんな薬よりも効果があるのではないかと思うほどです。

「ウキウキする」「楽しい」「仕事に行くのが楽しくなった」「違う人になったみたい」「明るく元

気になった」「私ってかわいい。私ってきれい」「大人っぽくなった」「女っぽくなった」「自信がついた」「輝いている」――開運メイクを体験すると、みんなほんとうにポジティブな言葉が口をついて出てきます。

私の印象としては、開運メイクは「デキる女」の雰囲気を作ります。デキる女とは、つまり自立して、自信を持った女性です。

夫をはじめ、男性の眉も何人か手がけました。みな一様に、スッキリと堂々として、凛々《りり》しい感じになりました。夫は眉カットによって若返り、お客さんとも話がしっかりできるようになったように思います。気持ちの自信が、言葉や雰囲気に出てくるのだと思います。

私は、はなゑ先生の教え通り、ピカピカと光るアクセサリーもたくさんつけています。「なぜそんなにたくさんつけているの？」と、ときには人から聞かれることもあります。そんなときには、「人はみんな花なの。輝いていたいから」と答えています。このアクセサリーのおかげか、自然と周りに人が集まってきてくれるようになり、幸せを実感している毎日です。

肌のツヤは、オリーブオイルを塗れば、簡単に出すことができます。しかし、毎日が楽しくウキウキしていると、不思議なことに肌のツヤは自然と出てきます。毎日を楽しく過ごしたうえでオイルを塗ると、ツヤがどんどん出てきて肌が輝くのです。

「どうやればそんなに肌にツヤが出るの？」と、お客さんに聞かれることがあります。そんなときには、「つやこの法則です！」と、お答えするようにしています。

20代の気持ちが戻りおしゃれが楽しくなってボーナスもアップ

小松多季さん（38歳・会社員・山形県）

私は、精密部品メーカーのクリーンルームで働いています。高校を卒業して以来ですから、もう十数年になります。

クリーンルームとは、物を作る製造過程においてゴミなど不純物が混ざらないように、高度な清潔さを保った部屋のことです。このクリーンルームにおいては、もちろん化粧などは御法度《ごはっと》です。

そのため、私にはほとんどメイクの知識がありませんでした。メイクは、高校を卒業する際に行われた化粧品メーカーの講習会で習っただけです。今は多少のメイクは許される環境で働いていますが、正直なところよくわかりませんでした。

今年の1月に、簡単にだれでもできるメイク講座があると聞いて、出かけました。それが、「開運メイク」と出会ったきっかけです。

その場で、眉《まゆ》をきれいに整えていただきました。しかし、帰宅してメイクを落とすと、私の眉は半分なくなっていました。そのため、眉だけは毎日描くことに決めました。また、講座で習った天国言葉も意識して遣《つか》うようにしました。

開運メイクをするようになると、私に対する周囲の対応が変わってきたのです。「感じが変わった」、「若返った」、「明るくなった」と言われるようになりました。

そして、鏡を見る回数もふえました。鏡を見るようになって気づいたことが、一つあります。それは、表情を動かすと眉が動くことです。それまでは、私の眉は笑っても、怒っても微動だにすることはありませんでした。

私の眉は下がり眉です。下がり眉だから動かないのだと、思い込んでいたのでした。しかし、表情を変えても眉が動かない原因は、眉を描く位置や角度が間違っていたからなのです。

開運メイクによって、以前よりも眉を少し高い位置に描くようにしました。すると、表情を変えるとそれに連れて自然と眉が動き、表情も豊かになりました。

私は、顔のパーツで眉がいちばん嫌いでした。前髪を長くして、嫌いな下がり眉を隠していたほどです。しかし、今は前髪をカットして、髪形を変えました。眉に自信ができて、いちばん好きなパーツになったのです。

開運メイクをするようになると、おしゃれにも関心が出てきました。結婚してからというもの、私はおしゃれには無関心でしたが、今ではおしゃれが楽しくてしかたありません。20代のころの気持ちがよみがえってきました。

アクセサリーにも関心がいくようになりました。キラキラ光るアクセサリーを身につけて街を歩くと気持ちが沸き立ってきます。先日などは、4歳下の弟より年下に見られました。自分でも驚き、喜んでいます。

仕事上でも変化が現れました。4月に給料の査定があったのですが、夏のボーナスは、なぜか同僚より多くいただけることになったのです。

メールには、意識して「ありがとうございます」などと、天国言葉を書き加えて返信するようにしています。この一言を加えるだけで、周囲の人が気持ちよく接してくれるようになりました。以前に比べ、友人や仕事先からの連絡も早く来るようになったと思います。先日などは、仕事先から申告された納期が思った以上に早くなり、とても驚きました。

開運メイクをしてから、いちばん変わったのは常に笑顔でいられるようになったことです。この笑顔は、自分の顔に自信が持てるようになったたまものだと思っています。顔に自信が持てるようになると、自分自身への自信にもつながっていきます。

もう過去の眉には、絶対に戻りたくありません。つやこの法則を守って、この先もずっと笑顔の私でいたいと思います。

驚くほどきれいになり毎日を楽しく生きる心の支えとなった

永井順子さん（30歳代・パートタイマー・栃木県）

開運メイクとの出会いは、昨年の12月中旬でした。

私は、アロマセラピーの恩師であり、今は友人となった御代田祐子《みよたゆうこ》さん（133ページに体験談が掲載されています）に誘われ、那須《なす》で行われた忘年会に参加しました。その忘年会に、舛《ます》岡《おか》はなゑ先生も参加されていたのです。

幸運なことにその忘年会で、はなゑ先生から直接、開運メイクをしていただきました。驚くことに、眉毛《まゆげ》の位置を変えただけで、顔の印象はすっかり変わってしまいます。アイメイクを終え、チークが入れられると、顔の印象はどんどん変わっていきます。

開運メイクがすべて終わると、それまで見たことのない私が鏡の中にいました。うれしくなって携帯電話で記念写真を撮り、自分でも覚えていないほど何度も鏡をのぞき込みました。

その日は、友人ととても盛り上がりました。「メイクを落とすのは、もったいないよね」と、メイクを落とさないまま朝を迎えたほどです。結局、私が素顔になったのは、次の日の晩、バスタイムでした。

この一回のメイクをきっかけに、「個性を活《い》かしてきれいになりたい」という目標が、私のなかで生まれました。もうメイクをすることが楽しくてしかたありません。忘れていたメイクの楽しさを思い出したのです。

私がメイクを始めたのは、高校を卒業してからです。その当時は、メイクを、そしておしゃれをすることが楽しくて、いつもニコニコしていました。しかし結婚して年を重ねていくと、いつしかメイクの楽しさを忘れ、単なる外出時の儀礼になっていました。

開運メイクをきっかけに、自分の考え方一つで、物事をポジティブにもネガティブにもとらえられることに気づいたのです。

開運メイクに費やす時間は、初めは、娘もあきれるほど長時間でした。最近では、コツを覚えて時間をぐんと短縮してやっています。

しかしまだ、眉毛をはなゑ先生ほどうまく描くことができません。けれど、上手に仕上がった日には、とってもうれしくなり上機嫌で外出しています。

精神年齢も若返ったようです。野に咲く小さな花をいとおしく思い、竹林に心を奪われ、空の色や雲の形、夜空に輝く星や月を見ると心が熱くなります。二十代のころに見えていた自然が持つ美しさに、私は再び気づくことができたのです。

開運メイクは、私に勇気と笑顔を引き出させてくれました。昨日より今日、今日より明日と、日々ポジティブになる私の心の支えになっています。

私は数カ月前に主婦を卒業し、今は仕事に就いています。毎日、楽しく仕事ができ、ありがたさを感じています。心の幸せを手に入れることができて、うれしく思っています。

これから先も、日々〝顔晴《がんば》る〟。もっと幸せになりたいから、いつもポジティブに過ごしていきたいと思っています。

はなゑ先生には、心から感謝をしています。

笑顔がこぼれ宝くじや懸賞が必ず当たるようになった

御代田祐子さん　（30歳代・アロマ会社社長・栃木県）

私は、アロマ関連のスクールやサロン、ショップの経営をしています。仕事に関する本には興味があり、以前から斎藤一人《さいとうひとり》先生や舛岡《ますおか》はなゑ先生の本を愛読していました。

「天国言葉」は、はなゑ先生の著書で知りました。すぐに実践し、天国言葉を書き連ねたカードを作って、私のスクールやショップにやって来る生徒さんやお客さんに配ったほどです。

生徒さんやお客さんは、「天国言葉を遣《つか》うと気持ちがよくなるね」と口々に言ってくださいます。

天国言葉以上に、私が衝撃を受けたのが「開運メイク」です。私が開運メイクを初めてしてもらったのは半年前です。その翌日から、私のなかで何かが大きく変わりました。

開運メイクをするまでは、肌のツヤには興味がありませんでした。私の中で、ツヤというと脂ぎったイメージがありました。メイクをする際にはマット系を好んでいました。そのため、開運メイクも最初は半信半疑でした。

しかし、開運メイクをしてみると、周囲の反応が驚くほど変わったのです。「顔色いいね」「調子よさそうだね」「最近いいことあった？」などと、私の肌のツヤを見て周囲の人たちから声をかけられます。

私の顔色は、どちらかといえば青白く、それほど血色がいいほうではありません。人から、そんな声をかけてもらった経験などありませんでした。それが、ファンデーションの色などは変えず、顔のツヤを出しただけでこの変化です。気がつけば、生徒さんやお客さんがふえてきていました。

この効果を実感してからは、はなゑ先生の教え通りに従いました。

たとえば、それまでつけていた小さくて高価な本物の指輪は外しました。1000円でも大きなキラキラ光る指輪をしました。すると、「きれいきれい」とみんなからほめられるようになったのです。

また、宝くじや懸賞などで驚くことが起こりました。

私は宝くじが大好きで、週に1000円はさまざまな種類の宝くじを買っていました。しかし、これまではまったく当たりませんでした。最高で2000円程度です。

それが開運メイクをしてからは、1万円が当たり、ついには30万円が当たったのです。今なら3ケタの宝くじならば絶対外さず、損をすることがありません。

私より宝くじが当たらないと嘆いていた母も、先日、私といっしょに宝くじを買うと、初めて1万円を当てました。

懸賞も当たったことがありませんでした。それが、お米が当たったのを皮切りに、旅行券、宝石など続々と当たりだしたのです。何でも当たればいいと見つけた懸賞を片っ端から応募していたのですが、今はほしいものを狙って応募し、実際に当たっています。

今ではこうした私のうわさを聞きつけた、生徒さんやお客さんから開運メイクをしてほしいと頼まれるようになりました。

開運メイクをしてあげると、生徒さんやお客さんもツキがまわってくるようになってきました。開運メイク後、結婚がすぐに決まった人、離婚をスパッと決めた人、長年のうつやパニック障害、摂食障害から解放された人など、さまざまなよい変化が起こってきています。

さらに、身近なところで、開運メイクのすごさを知る次のようなおもしろい体験をしました。

私の趣味は、近くの温泉に日帰りで行くことです。

温泉の更衣室や浴室には、地獄言葉が渦巻いています。年配の女性たちの井戸端会議には、嫁や親戚《しんせき》、病気のことなど、聞くに堪《た》えられないほど地獄言葉であふれています。

そんなとき、耳を覆《おお》いたい気持ちをおさえ、私は鏡の前で開運メイクを始めます。そして、「ツイてるツイてる、みんなにいいことが雪崩《なだれ》のごとく起きます」と心の中でつぶやきます。すると毎回、驚くべき変化が起こるのです。

彼女たちの悪口がピタッと止まり、全員の目が私を凝視します。そして、「おねーちゃん、きれいだね。それ、どうやるの？」とたずねてくるのです。私は時間がある限り、みんなに開運眉《かいうんまゆ》を描き、ときにフルメイクをしてあげます。すると、瞬く間に愚痴《ぐち》や陰口が消え、みんな天国言葉になってしまうのです。

もう一つ、印象深い体験があります。

先日、やり手の女社長に会いました。男に負けまいとするからなのか、見るからに怖そうな方でした。その人のメイクといえば、赤や青を使用しており、まるで南国の鳥のようです。彼女は初対面の私に向かって、「男に負けるな。そんな化粧では男になめられるぞ」と説教を始めました。唖然《あぜん》とした私は、天国言葉を心の中で唱えながら、じっと我慢をして聞いていました。

後日、その女社長の知人から電話がありました。「先日は言いすぎた。あの子の顔は光っていた、もう一度会いたい」と、女社長が言っていると告げられたのです。

意味がよくわからないものの、再度、女社長に会いに行きました。すると、「そのメイクを教えてほしい」と言うのです。開運メイクをしてあげると、女社長は「ありがとう」と一言言って、急に泣き出しました。きっと今まで、たくさんのご苦労があったのだと思います。

たくさんの方々が、今日もつらい思いを抱えて生きています。メイクを終え、鏡を見て泣いてしまうのも、つらい思いを抱えていたからなのでしょう。健康を崩すのも、きっとそうしたつらい思いを解消できずに、過度のストレスをため込んでいるからなのではないでしょうか。

開運メイクは心の曇りを取り、勇気とパワーをくれます。開運メイクをご紹介することで、そうした方々のつらい悲しい思いを解消するお役に立てればと、微力ながら思っています。

子どもの不登校が治り高倍率の仕事もすんなり決まった

T・Hさん（41歳・女性・アルバイト・福島県）

昨年の5月から、小学4年生になる私の3番目の子どもが不登校となりました。

原因は、担任の先生が変わったことにあります。新しい先生になったことで、私の子どもは先生とコミュニケーションを取れなくなってしまったのです。

この先生は、子どものいいところをなかなか見てくれません。しかってばかりいて怖い印象の先生です。子どもだけでなく、私自身も先生と信頼関係が結べませんでした。

子どもが不登校になったために、私もパートを辞めることになりました。そして、子どもを登校させるために手を尽くしてみましたが、どれもうまくいきません。気持ちが暗くなるような毎日を送っていたところ、書店で斎藤一人《さいとうひとり》先生の本と出会いました。

この本で、私は天国言葉を知りました。そして、天国言葉を遣《つか》い、「人のよいところを探そう」と決め、肌にオリーブオイルを塗ってツヤを出すことにしました。

そんな折に出会った方に、私は一つの質問をされました。「自分が好き？」と。たったこれだけの簡単な質問に、私はとまどいました。何も答えることができないのです。

こう質問される前から、自分の弱いところは自分でも気づいていました。困った事態に直面しても人に相談ができない、自分を大好きと言えないなど、いつも人生でつまずくところは同じです。ここを抜け出ないと、私も子どももだめになると思いました。

子どもを心配しすぎてはいけない。親ができることは、子どもを信頼して「味方だよ」と言うことだけです。しかし、頭ではわかっていても、それが実行できないのです。

それでも、私は一生懸命になってがんばりました。天国言葉を遣い、肌のツヤを出すようにしたのです。すると、自分にだんだんと自信がついてきました。

今年の1月に、私は「開運メイク」を初めて受けました。開運メイクは不思議な体験でした。眉《まゆ》を描いているときなど、メイクを受けている最中は目を閉じています。しかし、目を閉じながらも、目の前が明るくなってくることを実感するのです。

メイクを終えて目を開けると、目の前の曇りが払拭《ふっしょく》され、世界が明るくなっていました。比《ひ》喩《ゆ》ではなく、実感としてそう感じられたのです。

それ以来、それまでボサボサだった眉を整えて、毎日、開運メイクをするようにしました。すると日を追って、自分に自信がつくようになってきました。気がつくと、私の周囲は何もかもが変わり、子どもの問題も自然と解消していました。

開運メイクをするようになって、洋服の趣味も変わりました。以前の私は、黒や茶などの地味な色を好んで着ていました。しかし今や、白や赤、きれいな紫や赤、ラメなどが好きになったのです。行きつけの洋服屋さんからは、「奥さん、変わりましたね」としみじみと言われました。「自分が好き?」と聞かれた方には、「最初のときはひどかったけど、よくここまできたね」と感心されました。周囲の友人からは、「活《い》き活きしていていいよ。積極的になったね」とほめられます。子どもたちからは、「これが普通。以前がおかしい」と言われました。夫も、「きれいだよ」と言ってくれるようになりました。

これだけほめられるようになると、人生に弾みがついてきます。今では、嫌なことがあっても、そこから逃げなくなりました。嫌なことは自分を高めるための試練だと思えるようになりました。また、「なんだ、この程度か」と客観的に思えるようになったのです。

子どもが大きくなるまではと、仕事をしていませんでしたが、仕事にも就きたくなりました。そこで思い切って職安に行くと、高倍率だった仕事がすんなり決まりました。ラッキーとしか言いようがありません。

このラッキーには、履歴書に貼《は》った写真が関係していたように思います。その写真は、過去最高と思えるほどよく撮れていたのです。試しに、昨年撮った写真と比べてみると、同一人物とは思えないほどです。昨年の写真は、とても暗く険しい顔をしています。ところが今年の写真は、笑顔がきれいなのはもちろん、強いオーラが感じられるほどなのです。

今は、「仕事ってこんなに楽しいものだったの?」というほど楽しく過ごしています。封筒の開封をしているだけでも、楽しくてしかたないのです。

友人関係も、とても良好です。以前は他人に自分の悩みを打ち明けることなどできませんでしたが、今ではどんなことでも話せる積極性が身につきました。フットワークも軽くなりました。

つやこの法則を実践することで、気がつけば嫌なことも起こらなくなっていました。しかも、自分ではほとんど努力していないのに、という感覚です。

言葉とツヤ、そしてメイクの力は、ほんとうにすごいものだと思います。

嫌な上司との関係が改善され母娘ともツイてる人になった

Y・Wさん　（45歳・女性・会社員・山形県）

私が「開運メイク」を初めて受けたのは、今年の1月です。

メイクが終わったあと、鏡を見て驚きました。眉《まゆ》が自分の眉ではないようなのです。鳥が翼を大きく広げ、飛び立ったような感じで、顔がパッと明るく見えます。周囲にいた人たちからは、「違う顔になったよ！」「10歳若返った」と大歓声を受けました。

私は、これまで眉のお手入れを怠《おこた》っていました。自然に生えたそのままのボサボサの眉だったのです。それが、今やハリウッド女優のような感じです。もう革命的です。眉山の位置をほんの少し変えるだけで、自分の顔がこれほど変わることに驚きました。

この体験にショックを受け、それからは肌にオイルを塗ってツヤも出すように努めました。キラキラ光るアクセサリーも身につけるようになりました。もちろん、天国言葉も意識して遣《つか》うようにしました。これらを実践すると、笑ってしまうほど私の周りの状況は一変しました。

一つ目は、仕事のこと、それも上司との関係です。

私は事務職をしていますが、上司との関係がうまくいっていませんでした。朝、勤務時間の関係で上司と私、2人だけになる日があります。この日の朝の時間が、私はとても苦痛でした。私が朝の挨拶《あいさつ》をしても、上司はのどの奥で「ん」となるだけです。そして次の瞬間には、愚《ぐ》痴《ち》や小言、不満や文句、気づいたことなど、ほかの人には言えないのか、私への命令として一気に浴びせかけてくるのです。この時間は、ほんとうに精神的に苦痛な時間でした。

しかし、私が開運メイクをするようになると、上司が普通に挨拶を返してくれるようになったのです。滝のような愚痴も言わなくなりました。笑いながらなごやかに、普通の会話ができるようになったのです。

そして、職場での頼まれ事がとても多くなりました。その頼まれ事というのは、以前とはまるで違う内容なのです。

その頼まれ事の内容とは、営業職や私よりもっと上の担当者がやるような仕事です。たとえば、顧客の要求を聞いたり、クレームやトラブルを処理したり、お客様のもとに出向いたりするような、事務職とはかけ離れた仕事なのです。

「頼まれ事をされる存在になるのはいいこと。幸せになっていること」と、舛岡《ますおか》はなゑ先生からは聞いていました。そのため、自分にできる限り、お役に立てることはなんでも精一杯して、仕事に励むようになりました。

2つ目は、プライベートなことです。

私のもとに、友人などから家族関係の相談事が、山のように持ち込まれるようになりました。そうした相談は、愚痴っぽくなりがちです。実際に聞いてみると、地獄言葉だらけです。そうした友人に、天国言葉や足《た》るを知ることの大事さについてを語ると、何人かはハッと気づいて、喜んでくれました。

また、今年の3月には、母が骨折をしました。このときにも、驚くことが多々ありました。ケアマネージャーをしている友人に母の骨折について相談をすると、その日のうちに介護ベッドや簡易トイレなどを次々と家に運び込んでくれました。病院から帰った夕方遅くに、電話で話しただけにもかかわらずです。そして、すぐには難しいといわれたヘルパーさんも即日で見つかったのです。

母の介護のために、数日間、私は仕事を休むことになると思っていました。しかし、一日も休まず、安心して仕事に行くことができたのです。すべてのことが魔法のようにうまく進んだのです。このラッキーには、ケアマネージャーをしている友人も驚いていました。

そして、母のギプスは、2週間という驚異の早さで取れました。順調に回復して歩き始められ、周囲に驚かれたほどです。

これまでの母は、口を開けば地獄言葉ばかりを言っていました。しかし、今回の骨折を機に感謝の念がわき出てきたのか、天国言葉の言える人に変わりました。「天国言葉を話すようになり、私もだんだん幸せになってきたよ」と、母は私にささやいてくれました。私は、とてもうれしかったです。

私はどんどんツイてる人になってきています。私の趣味は読書ですが、書店に行くと、ほしいと思っていた本が必ず置いてあります。おいしい食べ物など、いただきものも多くなりました。望んでいたものが、不思議なことに確実に手に入るようになったのです。

メイクは初めは不慣れでしたが、今ではかなり上達したと思います。素肌に本物のツヤが出てきたのか、「サプリメントを変えたの？　肌がツヤツヤして透明感があるね」と知人から誉められるようになりました。

開運メイクにも天国言葉にも、大感謝の毎日です。はなゑ先生、ありがとうございました。

夢がかない、車が大破するほどの大事故に遭っても無事だった

矢野良子さん　（47歳・農業・栃木県）

昨年の1月、舛岡《ますおか》はなゑ先生の「開運メイク」の講習会に行く機会に恵まれました。

その講習会では、はなゑ先生が30名ほどに、次々と眉を描いていきました。まるで魔法使いのようです。美人もブスも関係なく、はなゑ先生が開運メイクをすると、みな顔が輝き出し、その人の魅力が全開となっていくようでした。

この講習会のあと、私も開運メイクを始めました。すると、こんなにツイてていいのかなと思

うほど、よいことが次々に起こるようになってきました。

会いたいと思った人には、偶然が重なり、必ず会えるようになります。こうなったらいいなという日々の小さな夢が、必ずかなうようになったのです。

私の夢は、「おにぎりカフェ」を開くことでした。おにぎりカフェとは、私の家で作っている自然農法によるお米や野菜を使ったメニューを中心に置いたカフェのことです。

この夢は、近い将来かなえることができそうです。「うちの場所でやってみないか」と、思いがけないお誘いを、夫の仕事上の知り合いから、先日受けたからです。

また昨年、私は大事故に遭《あ》いましたが、一命を取り留めました。一人で車を運転しているときに、車が大破して廃車になるほどの交通事故に遭ったのです。

生死を分けるその瞬間、だれもいない車内で、「ハンドルを左に切れ」という声を私は聞きました。意識を失う寸前、その声に従って私はハンドルを左に切ったようです。偶然にも、車は目前の電信柱を避け、畑に飛んでいきました。

事故現場に残された大破した車を見たら、生存者などとても考えられないような状態です。しかし、私は奇跡的に無事でした。ほんとうにツイているとしか考えられません。

私のメイクを見て、最近では周囲の人たちから教えてほしいとせがまれます。そこで、開運メイクを教え、人生がどんなふうに変わるかを話してあげます。すると、みな活《い》き活きとした笑顔になり、それだけで私はとても幸せな気分になります。

私が開運メイクをしてあげた方のなかには、うつが改善したり、心が穏やかになったり、運が向いてくるようになった方々が出てくるようになりました。

以前の私は、自然のままがいちばんと、好んでメイクをするようなタイプではありませんでした。しかし今では、「女性は花なんだ」と、きちんとメイクをして、キラキラ光るアクセサリーを身につけ、緑の畑に花を咲かせています。

開運メイクをするようになると、畑で動物や虫が寄ってくるようになりました。私は、動物や虫にも「生まれてきてくれてありがとう」と言い、種を蒔《ま》いて畑の世話をするときにも「ありがとうね」と言っています。

開運メイクをするようになって、私が何よりうれしいのは、日に何度も夫がキスをしてくれるようになったことです。結婚してからというもの、キスなど10回もしたことがなかったと思います。それが、この変わりようです。

夫は、私に対してとても優しくなりました。「あとストッキングをはいて、スカートをはいてくれれば、言うことないなあ」なんて言っています。そんな夫の言葉を聞いていると、私は幸せでいっぱいです。

夫も私も短期間で明るくなり仕事の契約も次々まとまった

Y・Nさん（47歳・女性・保険外交員・福島県）

私の夫は、牛乳店に勤務しています。

牛乳店では、個人宅に飛び込み営業などをして、お得意様の拡大に努めていかなくてはなりません。しかし、夫はどちらかといえば無骨なタイプで、お客さんに上手にお世辞などを言うことができず、四苦八苦しているようでした。

舛岡《ますおか》はなゑ先生の本を書店で最初に見つけてきたのは、この夫です。そして、今年の2月、夫と私は、初めての「開運メイク」を受けました。

開運メイクのやり方に従って、夫は眉《まゆ》の形を整え、顔にツヤを出すように努めました。すると飛び込み営業先のお宅で、「明るくていいね」「元気があっていいね」と言われるようになったというのです。

私は結婚して25年間、夫を見ていますが、確かにはっきりと変わったことを感じます。雰囲《ふんい》気《き》が柔らかくなりました。感情表現をせず、ふだんからあまり笑わない人だったのに、今では笑いを絶やさず、明るく気軽に話せるようなタイプになったのです。

子どもたちは、私以上に驚いています。これほど短期間で人間が変われるなどとは、信じられない思いです。

私自身にとっても、開運メイクは非常に印象的なものでした。

初めて眉をカットしていただいているとき、目を閉じているのに、目の前が明るくなった感じがしたのです。目を開けると、実際に明るく、視野が広くなったように思えました。これは私だけの感想ではなく、開運メイクをしていただいたほかの人も同様の感想を持っているようでした。

私は、保険の外交員をしています。両親を病気で亡くし、保険のありがたみを知ったために始めた仕事です。

しかし、保険の外交はかなりつらい仕事です。営業のために訪れた家庭で、いい印象を持たれることはまずありません。

営業のために病気や死について話さなくてはなりません。それに、お金もかかることです。いい印象を持たれないのは、職業柄、しかたのないことだとあきらめていました。私自身、この仕事を続けることに、精神的な重圧を感じていました。

けれど、開運メイクをするようになると、とんとん拍子で仕事が広がっていくようになったのです。一つの契約が決まると、その契約主が次の営業先を紹介してくれるといった案配で、次から次へ契約が決まるようになったのです。

以前は営業先で初対面の方と会うのが苦手だったのですが、今は楽しくてしかたありません。会ったその日に、「契約しましょう」「上がって昼ごはんを食べていきなさいよ」などと言われたりするようになりました。先日は、「会うのは初めてじゃないみたい」と、初対面の方に言われました。こんなこと、以前には一度もありませんでした。

夫だけではなく、私の印象もがらりと変わったようです。周囲からは、「前と全然違うね。明るい感じになった」「前は笑っても顔だけだったね。今はおなかの底から笑えるようになったね」などと言われます。

今では、家族が元気で朝を迎えられることに心から感謝をしています。「人間は一人では生きていけない。みんなに助けていただき、生きていけるんだな」と実感しています。

そして、初めてお会いした方には、「いいことが雪崩《なだれ》のようにたくさん起きますように」と、心の中で祈っています。昔は、そんなことを意識したり、考えたりすることはありませんでした。

夫も私も、短期間でほんとうに大きく変わりました。すべての出会いに、心から感謝をしています。

夫との死別で動けないほど落ち込んだ心が明るくなり若返った

山岸典子さん　(66歳・無職・福島県)

昨年の8月、私は夫を亡くしました。それ以来、無気力で、心身ともに脱力しきった状態になりました。体が重くてなかなか動かず、思考力はゼロで、気がつくと涙がほおを伝っています。車の運転もできなくなりました。

今年の2月に、外岡《ますおか》はなゑ先生の講習会で「開運メイク」と「天国言葉」を知りました。その講習会で、はなゑ先生に眉《まゆ》を描いてもらうと、翌日から音を立てるような大きな変化が私の中で起きました。

気持ちが明るくなり、涙もあまり出なくなったのです。そして、口から出てくる言葉が全部、天国言葉に切り換わりました。とても不思議です。

それからは、気持ちがどんどん明るくなっていきました。徐々に体も軽くなり、動かすことができるようになりました。これまでの自分とは、天と地の差です。昨年の8月以来、私の言葉は、愚痴《ぐち》や他人をうらやむ言葉など、地獄言葉ばかりだったのです。

今は、起床時と就寝時に、生かされていることに「ありがとうございます」と感謝もしています。「ありがとうございます」「ツイてるツイてる」「ツイてる、ありがとうございます」という言葉が、常に口をついて出るようになりました

地獄言葉を間違って遣ってしまったときには、そのあと、天国言葉を10回言ってキャンセルするようにしています。

こうした私の感謝の気持ちは、家族にも伝染したようです。

先日、大学受験を控えている孫が、模擬試験に失敗して帰ってきました。制限時間の少し前に自分の答案の間違いに気づいたものの、間に合わなかったそうです。ところが、孫は笑って

いるのです。

どうして笑っているのか、不思議に思って私がたずねたところ、孫はこう言いました。

「大学入試のときでなくてよかったなぁ。いい勉強した。ツイてるツイてる」

この孫は、今、大学入試に向けて成績が上がってきているようです。この調子ならば、目標の大学に入学できると私は踏んでいます。

「開運メイク」をきっかけに、私は夫の死から立ち直ることができました。夫が生きていたときよりも、心は前向きで元気なほどです。車の運転も再開し、孫の送り迎えなどを頼まれ、忙しい日々を送っています。

メイクをすることも忘れるほど落ち込んだ生活でしたが、今では朝から晩までメイクをしています。肌にはオイルを塗り、ツヤを出しています。先日は、「若返ったね。元気になったね」と知人から言われ、とてもうれしくなりました。

気持ちのうえでも、一皮むけたようです。以前は抵抗があったことでも進んで行うことができます。「なぜ私がこんな目に遭《あ》うのか」などという後ろ向きな気持ちも消えました。

「自分を許します。人も許します。自分が大好きです」という、はなゑ先生に教えていただいたフレーズが、毎日の生活にとても役立っているように思えます。

●コラム4——斎藤一人さんから読者へのプレゼント

最近では、テレビを見ていると、霊《れい》が見えるとか、見えないとか問題にしている人がいます。また、神を信じるとか、信じないとか、言う人がいます。そんな問題はどうでもいいのです。

それよりも重要なのは、神様があなたを信じているかどうかです。神様があなたを信じてくれるような生き方をしていれば、霊が見えようが見えまいが、神様を信じようが信じまいが、幸せがどんどんやってくるのです。

まだ数は少ないかもしれませんが、私や斎藤一人《さいとうひとり》さんはそういうことを信じています。他人に強要しているわけではないので、別に信じなくてもかまいません。しかし、そういうことを信じられるという人には、試してもらいたいことがあります。

一人さんは、塩や水などをはじめとして「波動《はどう》を入れてほしい」と、人から頼まれる機会が多いのです。そのため、毎月、波動を入れる（送る）日を決めています。

毎月の1日、午後7時から1分間です。この日を、私は「一人さん波動入れの日」と言っています。

この一人さんの波動は、日本中、どこにいても受けることができます。

毎月1日の午後7時までに天然の塩か、ペットボトルに入れた水などをご用意ください。用意した物を目の前に置きます。そして、午後7時の時報が鳴ったら、1分間、用意した塩や水に向かって両手を合わせるのです。「波動が入ったらうれしいなあ」くらいの気持ちで、楽しんでやってみてください。

一人さんの波動が入った塩や水は、お清めに使ったり、大事なことをしようとする前に口に入れたり、料理に使ったり、悪い霊がいそうな場所に置いたりするといいでしょう。

お金がかかるわけではありません。楽しむつもりで、お遊び感覚でやってみてください。塩や水には、波動がとても入りやすいのです。

たとえば、水を使ったこんな有名な波動の実験があります。

2本のボトルに水を入れます。1本には「ありがとう」という言葉を書いた紙を貼《は》る。もう1本には、「ばかやろう」と書いた紙を貼る。一晩おいたところで、その水の結晶を見てみたのです。

「ありがとう」のボトルに入った水は、美しい宝石のようなきれいな結晶ができました。もう片方「ばかやろう」のボトルに入った水は、台風を上から見たようなぐちゃぐちゃな結晶になりました。

人間の体も大半が水なので、いい波動の入った良質な水を体に入れることはすごく大切なことです。そのため、私は一人さんに波動を入れていただいた水を、なにかにつけて飲んだり、使ったりして楽しんでいます。

しかし当然のことながら、神様を信じていなかったり、地獄言葉を遣《つか》っていたりする人が、興味本位で波動を入れてもらってもうまくいきません。そうした人の場合には、波動を入れた水が、早く腐ったり、変なにおいがするようになったりします。

そんな人でも、気をつけて天国言葉を話すようになると、次回の波動入れからは、いい波動が入るようになります。

もしこの波動入れの話が、本書の読者にとってプレゼントになるのなら、私も一人さんも最高に幸せだと思います。

おわりに

最上級の幸せを生きる

人は自分が幸せになるほど、人の幸せを心から願うようになります。そして、人の幸せを願い、人から喜ばれると、至福の気持ちになります。

この至福の気持ちには際限がありません。もっともっと、たくさんの人を幸せにしたい、喜ばせたいと思うようになります。

自分の魂《たましい》を磨くこと、そして人の魂を磨くお手伝いをすること、人に自分のすばらしさを気づいてもらうことが、きっと私たちの使命、神様との約束、「天命」なのだと思います。

私たちの生きているこの地球には、花があり、水があり、歌があります。この広い宇宙のどこを探しても、こんなきれいな星はありません。この星こそが天国なのです。

この天国のような素晴らしい星に生まれながら、毎日、幸せに気づかず、地獄のように生きている人がいます。

そんな人たちの一人でも多くが幸せになり、天国に生きるようになってほしいと、私は願っています。そして、その願いから生まれたのが開運メイクなのです。

開運メイクをいったん覚えると、周りの人に開運メイクをしてあげたくなります。開運メイクによって自分が幸せになると、自然と周囲の幸せを願うようになります。この幸せを分けてあげたいと思うようになるのです。

人に開運メイクをしてあげると、とても喜ばれます。そしてそれ以上に、自分自身がどんどん幸せになっていきます。

この素晴らしい地球をもっと天国にするために、開運メイク、天国言葉、つまり「つやこの法則」で、全世界に幸せのドミノを起こしたいと思っています。

いいえ、幸せのドミノはもう起き始めています。あなたの温かい心から。

著者記す

特別寄稿

開運メイクこそ私の教えのすべてです！

斎藤一人《さいとうひとり》

新しい本を出版されて、はなゑさん、ほんとうにおめでとうございます。

素晴らしい内容の本ができて、私もとても喜んでいます。

はなゑさんが一生懸命教えている「開運メイク」というのは、幸運になるための要素がすべて詰まっていると言っていいでしょう。これこそが私の教えのすべてです。

世間の多くの人は、自分の幸せは、ある程度自分で決めるものだと思っています。それはもう、まったくその通りです。

しかし、違った側面もあります。

たとえば、太鼓《たいこ》をたたいたとしましょう。もちろん、ばちだけでは音は出ません。太鼓とばちが揃《そろ》わないと音は出ない。手拍子もそうです。両手をぽんとたたくように合わせたときに、初めて音が出ます。どちらか片方の手から音が出ているのではありません。合わせた両方の手のほんとうに真ん中から、音は出るのです。

幸せについても、その2つの例と同じようなことが言えるかもしれません。自分と世間の両方がうまく合致したときに、初めてかなえられるのではないでしょうか。自分だけがいくらがんばったとしても、世間のほうで認めてくれないと、それはかなえられないのです。

世間のほうがあなたを認めてくれないとか、あなたのほうが世間を認めないとか、両者に齟《そ》齬《ご》があれば幸せになどなれません。その齟齬の溝を埋めてくれるのが、開運メイクなのです。

メイクによって、女性はどんな顔にも変われます。つんとすました印象のメイクもあれば、優しそうな印象のメイクもあるでしょう。優しさがあふれて、豊かで、福相《ふくそう》になるメイクができたとしたら最高だと思います。そんなメイクが、自然と幸せをもたらしてくれるのです。

はなゑさんは、福相をほんとうに地でいっている人です。外見だけではなく、内面的にも、一言で言うと「かわいい人」です。かわいくてきれいで、みんなに愛される人なのです。

そうした人が、開運メイクの指導をしているのだから、これは天職と言っていいでしょう。はなゑさんにしてみれば、開運メイクという形をとってにじみ出る幸福を与えているだけなのかもしれません。はなゑさんは、ほんとうに向いている職業を選んだのだと思います。

女性の究極の幸せというのは、昨日より今日のほうが美しいということだと思います。そして、周りから「美しくなったね」と言われ、花のように生きて、その人がやって来るだけで周りが幸せになる。そういうのが究極の幸せではないでしょうか。

また、そういう人には幸せといっしょに豊かさがついてきます。「将来、豊かになったら幸せになれる」とか、「金銭的にもっとゆとりができたら幸運だ」とか言う人がいますが、そうではありません。

かわいい性格で、豊かで、優しそうな顔をして福相だったら、そこに富でも人でもみな集まってくるものです。地球に引力があるように、その人に魅力さえあれば、すべて望むものは集まってきます。

その「魅力」というとらえどころのない不思議なものの身につけ方を、開運メイクを通して、はなゑさんがわかりやすく本書で教えてくれているのだと思います。

舛岡はなゑ
Hanae Masuoka

東京都江戸川区生まれ。実業家。斎藤一人《さいとうひとり》さんの弟子の一人。

病院の臨床検査技師を経て、喫茶店「十夢想家《トムソーヤ》」を開く。この店は、斎藤さんと9人の弟子が出会った伝説の喫茶店として知られ、「銀座まるかん」の原点の一つとされている。

たまたま来店した斎藤さんから、「精神的な成功法則」と「実践的な成功法則」の両方を学び、女性実業家として大成功を収める。

東京都江戸川区の長者番付の常連。

ハッピースピリチュアル・メイクアップアドバイザーとして、「開運メイク」のセミナーや講演などで活躍している。

ハッピーラッキー魔法のメイク
2006年9月25日　第1刷発行

著　者　　舛岡はなゑ
発行者　　秋山太郎
発行所　　株式会社マキノ出版
〒113-8560　東京都文京区湯島 2-31-8
電話　03-3818-3980(編集部)、
03-3815-2981(販売部)
http://makino-g.jp/
印刷・製本所　図書印刷株式会社

万一、落丁・乱丁のある場合は、購入書店名を明記のうえ、
小社販売部までお送りください。送料負担にてお取り替えいたします。

定価はカバーに明示してあります。

ISBN4-8376-7063-6 C0077